POLYGLOTT on tour

England

W0054011

Der Autor
Karsten-Thilo Raab

Unser E-Book-Code zur elektronischen Erweiterung des POLYGLOTT on tour. Das kostenlose E-Book enthält die im Reiseführer aufgeführten Adressen entlang der Touren, beispielsweise zu Essen und Trinken, Shoppen, Aktivitäten und Hotel-Tipps. Links auf einen externen Kartendienst vereinfachen das Auffinden dieser Adressen.

Mit großer Faltkarte
& 80 Stickern
für die individuelle Planung

www.polyglott.de

SYMBOLE ALLGEMEIN

Besonderen Tipps der Autoren

SPECIAL
Specials zu besonderen
Aktivitäten und Erlebnissen

SEITEN
BLICK
Spannende Anekdoten
zum Reiseziel

Top-Highlights und
Highlights der Destination

44 Top-Touren & Sehenswertes

	TOUR-SYMBOLE		**PREIS-SYMBOLE**	
1	Die POLYGLOTT-Touren		Hotel DZ	Restaurant
6	Stationen einer Tour	€	bis 100 £	bis 10 £
①	Hinweis auf 50 Dinge	€€	100 bis 160 £	10 bis 25 £
[A1]	Die Koordinate verweist auf	€€€	über 160 £	über 25 £
	die Platzierung in der Faltkarte			
[a1]	Platzierung Rückseite Faltkarte			

0 ——— 100 Meilen
0 ——— 100 Kilometer

N

Norden S. 126

NORDSEE

Whitby

Kingston-upon-Hull

Grimsby

Mittelengland S. 95

Lincoln

The Wash

King's Lynn

NORWICH

Peterborough

7 Cambridge

Ipswich

Northampton

9 Colchester

Luton

Southend-on-Sea

London S. 46

LONDON

Rochester

5

Canterbury

Windsor

1 **2** **3**

Leeds Castle

Dover

15

2 Sissinghurst

Ashford

16

Worthing

Hastings

Calais

Ports-mouth

Brighton

Eastbourne

FRANKREICH

① Touren-Start

Perfekte Planung
Parallel Klappe vorne links aufschlagen

Top 12 Highlights

1 Tower und Tower Bridge in London › S. 55

2 Sissinghurst › S. 68

3 Stonehenge und Avebury › S. 75

4 Dartmoor National Park › S. 82

5 St. Michael's Mount › S. 87

6 Bath › S. 93

7 Cambridge › S. 98

8 Blenheim Palace › S. 111

9 Stratford-upon-Avon › S. 112

10 York › S. 132

11 Hadrian's Wall › S. 144

12 Lake District › S. 146

Zeichenerklärung der Karten

☐ beschriebene Region (Seite=Kapitelanfang)

10 **E** **h** Sehenswürdigkeiten

④ Tourenvorschlag

Autobahn

Schnellstraße

Hauptstraße

sonstige Straßen

Fußgängerzone

Eisenbahn

Staatsgrenze

Landesgrenze

Nationalparkgrenze

Südengland S. 60

5

Isle of Wight an der
Südküste Englands

TYPISCH

England ist eine Reise wert!

England gibt sich mal königlich-konservativ, mal geschichtsträchtig und traditionsbeladen und dann wieder extravagant, flippig und schrill. Keine Frage, England ist ein faszinierender Mikrokosmos zwischen gestern und übermorgen.

Karsten-Thilo Raab

ist Journalist, Autor und Fotograf und hat viele Jahre in Großbritannien und Irland gelebt, studiert und gearbeitet. Noch heute ist er mehrmals jährlich auf den britischen Inseln zu Recherchereisen unterwegs und berichtet von dort für eine Vielzahl an Tageszeitungen, Magazinen und Online-Portalen. Zudem hat er bislang mehr als 90 Reiseführer und Bildbände veröffentlicht.

London 1976 – als zwölfjähriger Steppke bin ich erstmals in der Hauptstadt des, wie ich es damals nannte, »Anderslands« unterwegs. Hier fahren die Leute auf der falschen Straßenseite, hier schieben Soldaten mit puscheligen Hüten vor Palästen Wache, hier sind Telefonzellen und Briefkästen markant und rot. Die Menschen essen Toast mit bitterer Marmelade, trinken lauwarmes Bier und sprechen eine andere Sprache. Mir will noch nicht einmal ein »Thank you« über die Lippen huschen, höchstens Verballhornungen wie »God shave the Kwin«.

Ein Motiv für Maler: Blick auf Robin Hood's Bay an der englischen Nordseeküste

Newcastle und Gateshead: für mich die Wundertüte des Nordens

Dafür kaufe ich in einem Plattengeschäft an der Carnaby Street meine allererste Schallplatte – ein Album der Bay City Rollers (!) – und bin stolz wie Bolle.

Ein paar Schüleraustausche und Sprachferien in Brighton, Hastings und Eastbourne später bin ich mit dem Englandvirus infiziert, reise immer wieder in das Land der Angelsachsen. 1988 dann erhalte ich im Rahmen meines Anglistikstudiums ein Stipendium für England. Ich darf Wunschorte nennen. Ich gebe London, Bristol oder Southampton an. Dann kommt die Bestätigung per Post, und man verfrachtet mich nach Calne. Ich habe keine Ahnung, wo das liegt, kaufe mir eine Englandkarte. Doch auch da ist das Nest nicht verzeichnet. Ich kaufe eine größere Karte und siehe da, Calne liegt irgendwo zwischen London, Bristol oder Southampton in der Grafschaft Wiltshire im Südwesten des Landes. Vorsichtshalber

schaue ich mich in der nächst größeren Stadt, in Chippenham, nach einer Bleibe um. Ich miete für ein halbes Vermögen ein schäbig möbliertes Zimmer im Hause einer älteren Dame.

Monica ist schrullig und faszinierend zugleich. Wir sind sofort per Du. Binnen weniger Tage nenne ich zudem die gesamte Nachbarschaft beim Vornamen. Nicht, weil ich mich überall brav vorgestellt habe, sondern weil alle Nachbarn bei mir geklingelt haben, um mich kennenzulernen. Alle laden mich zum Tee, Kaffee oder Essen ein. Klar spielte hier auch die Neugierde eine gewisse Rolle, denn ein »Kraut« in der Straße war schon eine Seltenheit. Als ich später ins ungleich größere Swindon ziehe und ein Jahr später nach London, gab es ähnliche Erfahrungen: Ich wurde überall mit offenen Armen empfangen. Und so war schon nach einer Woche klar: I love the dear country.

So schmeckt England: Cream Tea in der Old Bakery in Branscombe

Abbotsbury: mein Bilderbuch-England hinter Trockenmauern

Auch mein Standort Chippenham erwies sich als ideal. Wiltshire, die Grafschaft mit den riesigen weißen, von Menschenhand geschaffenen (Kalk-)Pferden, ist ein Stück Bilderbuch-England. Hier liegen so magische Orte wie Stonehenge, Avebury, Old Sarum und Silbury Hill, beeindruckende Herrensitze wie Bowood House, Stourhead oder Longleat, aber auch weitgehend unbekannte Kleinode wie Castle Combe oder die durch die Harry-Potter-Filme berühmte Lacock Abbey. Bath, für mich die schönste Stadt Englands, ist weniger als 30 Autominuten entfernt, ganz zu schweigen von der Nähe zu Cornwall, der Südküste und zu London.

Zudem ist Wiltshire klimatisch verwöhnt. Der Einfluss des warmen Golfstroms sorgt dafür, dass hier und da sogar Palmen gedeihen – aber auch für manche Blüten: So gab es damals keinen Schneepflug, was beim leisesten Anflug der weißen Pracht für kollektives Chaos sorgte. Und wenn die Temperaturen wider Erwarten mal unter den Gefrierpunkt sanken, gefror das Wasser in den Leitungen. Denn die meisten Häuser verfügten (und verfügen immer noch) über das so genannte Pipes-out-Design: Alle Leitungen laufen außen am Haus entlang und liegen nicht unter Putz. Das hat den Vorteil, dass bei Reparaturen keine Wände aufgestemmt werden müssen. Nur kalt darf es eben nicht werden.

Nach und nach dehnte ich meine Entdeckungstouren aus. Und mit jeder neuen Stadt, mit jedem neuen Castle und jedem neuen Pub wuchs meine Begeisterung für dieses Land und für einen Menschenschlag, der versucht, Ruhm, Glamour und Macht aus der Zeit des britischen Empires ein Stück weit zu bewahren. Gewürzt wird das Ganze mit einem unkomplizierten Umgang, großer Offenheit und viel Humor.

Nur eines kann ich bis heute nicht mit meinen englischen Freunden teilen: die Liebe für Toastbrot. Das pappige Brot ist zwar praktisch, weil es sich nach dem Einkauf auf die Größe einer Tafel Schokolade zusammenpressen und in die Hosentasche stopfen lässt, um zu Hause binnen Sekunden wie von Geisterhand wieder das ursprüngliche Maß anzunehmen. Aber eine sättigende Wirkung hat das Zeug definitiv nicht! Und es wird zwar meist getoastet, aber dann doch kalt serviert. Warum? Das bleibt wohl eines der Rätsel, die ich auch in Zukunft nicht zu lösen vermag. In diesem Sinne: »God shave the Kwin!«

Reisebarometer

Was fasziniert so an England? Die grandiosen Landschaften, herrlichen Museen und Prachtbauten natürlich, aber auch königlicher Glanz und Menschen mit viel Humor, gepflegten Spleens und einem besonderen Nationalstolz.

Abwechslungsreiche Landschaft
Atemberaubende Landschaften, tolles Wanderwegenetz

Kultur pur
Grandiose Museen, Burgen, Schlösser und Kirchen, berühmte Festivals und Musikevents

Kulinarische Vielfalt
Landesweit Gastropubs, Sterne-Restaurants in London

Spaß und Abwechslung für Kinder
Vergnügungsparks, Abenteuergärten und Nostalgiezüge

Shoppingangebot
In nahezu jeder Stadt ist das Angebot riesig.

Abenteuerlust und Entdeckergeist
Römische Relikte, Steinkreise und geheimnisvolle Moore

Sportliche Aktivitäten
Ein Paradies für Wanderer, Radfahrer, Golfer und Wassersportler

Geeignet für Strandurlaub?
Herrliche Strände, nur manchmal wenig Sonnenschein

Grandiose Landschaftsgärten
Engländer sind ein Volk der Pflanzsüchtigen.

Preis-Leistungs-Verhältnis
Im Königreich gibt es bisweilen königliche Preise.

● = gut   ●●●●●● = übertrifft alle Erwartungen

50 Dinge, die Sie …

Hier wird entdeckt, probiert, gestaunt, Urlaubserinnerungen werden gesammelt und Fettnäpfe clever umgangen. Diese Tipps machen Lust auf mehr und lassen Sie die ganz typischen Seiten erleben. Viel Spaß dabei!

… erleben sollten

(1) Geistertour durch York Gänsehaut und Schaudern begleiten die abendliche Zeitreise durch die Gassen der Spukhauptstadt. Treffpunkt ist um 20 Uhr am The King's Arms Pub an der Ouse Bridge (Erw. £ 5, Kinder £ 3) › **S. 28**.

(2) Auf zwei Erdhälften gleichzeitig stehen Durch das Royal Observatory in Greenwich › **S. 56** läuft der Nullmeridian. Der mit einer Messingmarkierung markierte Längengrad teilt die Weltkugel in die östliche und westliche Hemisphäre.

(3) Golfen wie Goldfinger Im Stokes Poges Golf Club wurde das legendäre Golfduell zwischen Goldfinger und 007 für »Goldfinger«, den für viele besten Bond-Film aller Zeiten, gedreht. Gegen Zahlung des Green Fees (Nov.–März £ 85, April £ 115, Mai–Okt. £ 160) kann jeder mit Platzreife hier abschlagen (Stoke Park, Park Road, Stoke Poges, Buckinghamshire SL2 4PG4 [E5], Tel. 01753-717171, www.stoke park.com).

(4) Konzertgenuss für lau Direkt am Trafalgar Square › **S. 51** konzertieren Nachwuchsmusiker in der Kirche St. Martin-in-the-Fields (London WC2N 4JJ, www.smitf.org, Mo, Di, Fr um 13 Uhr, Eintritt frei).

(5) Von Küste zu Küste Eine der schönsten, noch dazu geschichtsträchtigen Wanderwege verläuft entlang des römischen Grenzwalls namens Hadrian's Wall, von der englischen Ostküste ab Wallsend bis zur Westküste nach Carlisle › **S. 130**.

(6) Letterboxing Im Dartmoor › **S. 82** existieren 400 inoffizielle Briefkästen unter Büschen, Steinen oder in Baumstämmen, in denen Stempel versteckt sind. Ziel ist es, ein Nachweisheft mit 100 Stempeln zu führen, um zu beweisen, wie weit man in die Moorlandschaft eingedrungen ist. Dies berechtigt zur Aufnahme in »The 100 Club« (gilt auch für Hunde!), einen losen, aber begehrten Zusammenschluss (http://letterboxingondartmoor.co.uk).

(7) Durch Kiesel waten Der 20 km lange Chesil Beach › **S. 79** vor den Toren von Abbotsbury ist eine geologische Besonderheit. Die Kieselbank verhindert, dass Weymouth überflutet wird. Eine weitere Besonderheit des Strandes ist, dass die Steine von Osten nach Westen kleiner werden (www.chesilbeach.org).

⑧ Schlafen bei den Schlauen
Wer schon nicht in Oxford › **S. 108** studieren kann, hat die Möglichkeit, mit der geistigen Elite in einem College der Universität zu übernachten und von bahnbrechenden Entdeckungen zu träumen. Freie Zimmer gibt es v. a. in den Ferienzeiten (www.universityrooms.com/de/city/oxford/home, ab £ 35).

⑨ Cocktail mit den Stars Kate Moss, Al Gore und Clive Owen gehören zu den Prominenten, die sich regelmäßig auf einen der gut 60 zur Auswahl stehenden Cocktails in der angesagten Donovan Bar in London einfinden (Brown's Hotel, Albemarle Street, London W1S 4BP [**E5**], Tel. 020-74936020).

⑩ Bezaubernde Studiotour Bei der Warner Bros. Studio Tour in Leavesden, wo alle Harry-Potter-Filme gedreht wurden, sind die Filmsets zu sehen. Auch das ein oder andere Produktionsgeheimnis wird gelüftet (Leavesden WD25 7GS [**E5**], www.wbstudiotour.co.uk, Erw. ab £ 37, Familien ab £ 118).

… probieren sollten

⑪ Cream Tea Der Nachmittagsgenuss schlechthin, bestehend aus einer Tasse Tee, Scones (Kuchenteigbrötchen), Erdbeerkonfitüre und Clotted Cream, einem dicken Rahm aus roher Kuhmilch. Unübertrefflich in der Old Bakery (Branscombe, Seaton EX12 3DB [**C6**], Tel. 01297-

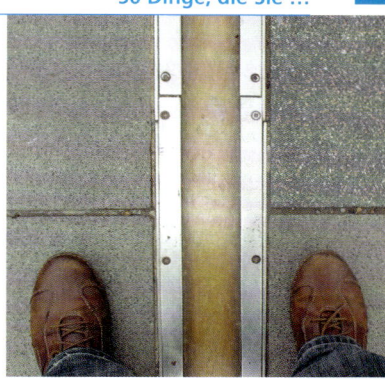

Die Markierung des Nullmeridians

680764, www.nationaltrust.org.uk/branscombe).

⑫ Pint unterm Galgen Londons ältester Pub von 1520 war einst Treff für Schmuggler und Piraten, aber auch Schauplatz von Hinrichtungen. Noch heute erinnert der Galgen auf dem Balkon an jene dunklen Stunden (Prospect of Whitby, 57 Wapping Wall, Wapping, London E1W 3SH [**E5**], Tel. 020-74811095, www.taylor-walker.co.uk/pub/prospect-of-whitby-wapping/c8166/).

⑬ Cider Die englische Variante des Apfelweins wird in allen Pubs des Landes in süßen und herben Varianten ausgeschenkt. In Hereford erfährt man auch gleich etwas über die Produktion › **S. 118**.

⑭ Deep fried Mars bar Der frittierte Mars-Riegel macht zwar keinen schlanken Fuß, die kalorienreiche Bombe schmeckt aber leider: etwa der Mars Meltdown im Crispy Candy auf dem Camden Market in London › **S. 59**.

Die Skulptur Angel of the North

(15) Baked Beans Die weißen Bohnen in einer süßlich schmeckenden Tomatensoße sind nicht nur zum English Breakfast lecker, sondern auch mit Ofenkartoffeln, den *Baked* bzw. *Jacket potatoes*. Im Cherub in Dartmouth › S. 82 gibt es sie zum Beispiel zum Lunch.

(16) Köstliche Bagels Kult ist Beigel Bake an der Brick Lane in London. Schleckermäuler stimmen hier mit den Füßen ab, stehen oft schon früh morgens Schlange für einen Teigkringel mit Lachs und Cream Cheese (Beigel Bake, 159 Brick Lane, London E1 6SB [E5], Tel. 020-77290616, tgl. 0–24 Uhr).

(17) Ein gepflegtes Tässchen in Ehren Vollendeten Teegenuss bietet das mondäne Claridge's Hotel. Neben Pralinen und Küchlein fehlen auch Scones, Sandwiches und Livemusik nicht (Claridge's Hotel, Brook St., London W1K 4HR [E5], Tel. 020-76298860, www.claridges.co.uk, tgl. 14.45, 15, 15.15, 15.30, 16.45, 17, 17.15 und 17.30 Uhr, ab £ 60).

(18) Fish and Chips im Zeitungspapier Der Klassiker der englischen Frittierküche ist ein Muss und nur dann stilvoll (!) genossen, wenn das Ganze mit *oil* (Öl) und *vinegar* (Essig) übergossen wird. Als einer der besten »Chippies« gilt das Magpie Café in Whitby › S. 140.

(19) Pie Die gefüllten Mürbe- und Blätterteigkuchen gibt es in zahllosen Varianten als Haupt- und Nachspeise: vom *Steak and Kidney Pie* (mit Rindfleisch und Niere) über *Pork Pie* (mit Schweinefleisch) bis hin zum *Apple Pie*. Sollten Sie mal im Salty Monk in Sidmouth › S. 80 probieren.

(20) Lamm Trotz des großen Verzehrs gibt es in England mehr Schafe als Menschen. Beim Lammbraten darf die Minzsoße nicht fehlen. Eine gute Adresse ist Grill on the Alley in Manchester › S. 124.

... bestaunen sollten

(21) Schlüsselerlebnis im Tower Allabendlich ab 21.30 Uhr lässt sich im Tower of London › S. 55 mit der *Ceremony of the Keys* die wohl älteste militärische Zeremonie der Welt erleben, wenn die Yeomen Warders mit viel Brimborium den Prachtbau verschließen. Kostenlose Eintrittskarten können nur über das Formular auf der Internetseite bestellt werden (www.hrp.org.uk/tower-of-london/whats-on/ceremony-of-the-keys/#gs.JXsVU9I).

㉒ Blühende Brunnen *Well Dressing* heißt die Kunst, Quellen und Brunnen mit Bildmotiven aus Pflanzen zu verzieren. Verbreitet ist der Brauch v. a. in Derbyshire [D3–D4], wo sich Dörfer und Städte zwischen Mai und September mit Feuereifer daran machen, ihre Brunnen in blühende Kunstwerke zu verwandeln (www.welldressing.com).

㉓ Optische Täuschung Der völlig mit Öl gefüllte Raum, das Kunstwerk »20:50« von Richard Wilson, in der Saatchi Gallery London trübt geschickt die Sinne (tgl. 10–18 Uhr Eintritt frei, Duke of York's HQ, King's Road, London SW3 4RY [E5], www.saatchigallery.com).

㉔ Brennende Fässer schultern Immer am 5. Nov. (außer der ist ein Sonntag) geht es in Ottery St. Mary [C6] heiß her, wenn Wagemutige beim *Carrying the tar barrels* mit brennenden Fässern auf dem Rücken durch die Straßen rennen, bis der lodernde Holzbehälter auseinanderbricht (www.tarbarrels.co.uk).

㉕ Grüner Thronfolger-Daumen Unweit von Tetbury liegt Highgrove House, der Wohnsitz Prinz Charles'. Das Haus ist nicht öffentlich zugänglich, wohl aber die 360 ha großen Gärten, die nach Absprache besichtigt werden können (Highgrove House, Doughton, Tetbury GL8 8TN [D5], Tel. 0303-1237310, www.highgrovegardens.com).

㉖ Angel of the North Die Skulptur von Antony Gormley auf einem Hügel zwischen der Autobahn M1 und der A167 vor den Toren von Gateshead › S. 142 ist 20 m hoch und hat eine Spannweite von 54 m (www.newcastlegateshead.com/things-to-do/the-angel-of-the-north-p26491).

㉗ Lügenbarone Im Bridge Inn wird im Herbst beim *Biggest Liar in the World Competition* gelogen, dass sich die Balken biegen. Dabei geht es darum, wer den Anwesenden das größte Lügenmärchen auftischen kann (Bridge Inn, Santon Bridge, Holmrook, Cumbria CA19 1UX [C2], Tel. 019467-26221, www.santonbridgeinn.com).

㉘ Giganto-Fußball Seit dem 12. Jh. wird in Ashbourne › S. 124 am Tag nach Rosenmontag und am Aschermittwoch mit dem *Shrovetide Football Match* das älteste und längste Fußballspiel der Welt mit 1000 Spielern ausgetragen. Als Spielfeld gilt das ganze Stadtgebiet – außer Friedhöfe (www.ashbourne-town.com).

㉙ Kunst und Köttel Vor den Toren von Wakefield liegt der Yorkshire Sculpture Park mit gut 60 Skulpturen von Künstler wie Henry Moore, Barbara Hepworth, Antony Gormley oder Andy Goldsworthy. Zwischen den Kunstwerken betätigen sich Schafe als Rasenmäher (Yorkshire Sculpture Park, West Bretton, Wakefield, West Yorkshire, WF4 4LG [D3], Tel. 01924-832631, www.ysp.co.uk, tgl. ab 10 Uhr, Eintritt frei).

(30) Lindwurm durch Westminster
Immer am Neujahrstag startet um
12 Uhr am Parliament Square in
London mit der New Year's Day
Parade die größte Neujahrsparade
Europas › **S. 41**.

... mit nach Hause nehmen sollten

(31) Real Cheddar Den Käse gibt es
in jedem Supermarkt. Tatsächlich
darf aber nur der Käse aus der
Cheddar Gorge › **S. 91** das Prädikat
»Real« tragen (ab £ 5,45).

(32) Waxed Jacket Das urbritische
Kleidungsstück – die Wachsjacke –
schützt vor Regen und Wind, ist
aber nur perfekt, wenn man dazu
mit einem Golden Retriever spazieren geht. Berühmt: Jacken von Bar-
bour (www.barbour.com, ab £ 200).

(33) Antiquitäten In den Antiqui-
tätengeschäften des Landes, z. B in

Statt Auto: London mit dem Bus erkunden

Stow-on-the-Wold › **S. 112**, und auf
den Flohmärkten findet sich noch
so manches Schätzchen. Sehr stilvoll ist englisches Silber!

(34) Englischer Schaumwein Der
kann wie Champagner schmecken.
Kein Scherz! Zu den *Kings of fizz*
zählt das Ridgeview Estate in East
Sussex (Fragbarrow Lane, Ditchling
BN6 8TP [**E6**], Tel. 0845-3457292,
www.ridgeview.co.uk, Mo–So 11 bis
16 Uhr, ab £ 27).

(35) PG tips Die englische Teemar-
ke gibt es in jedem Supermarkt: von
losen Teeblättern über pyramiden-
förmige Teebeutel. Letztere gelten
auch als achtes Weltwunder.

(36) Feines aus Porzellan Wieder
zu Hause bitten Sie stilvoll zum Afternoon Tea, z. B. mit einer Etagère
aus Worcester (ab £ 70) › **S. 116**.

(37) Orangenmarmelade Die Marmelade mit ihrer typisch bitteren
Fruchtnote ist überall erhältlich –
unwiderstehlich gut und mit einem
Hauch Ingwer verfeinert von Wild
& Fruitful (www.wildandfruitful.co.
uk, £ 3,50).

(38) Colman's Mustard Der beliebte englische Senf wird in den Royal
Arcade in Norwich › **S. 105** mit Shop
und Museum gewürdigt (Mo–Sa 10
bis 17, So 11–16 Uhr, Norwich NR2
1NQ, http://royalarcadenorwich.co.
uk/shops.co.uk).

(39) Gartenaccessoires In den Läden des National Trust › **S. 30** gibt es

die farbenfrohen »Mini Snips for happy herbs« (£ 5) für den heimischen Kräutergarten.

(40) Fantastisches Bier Von der Adnams Brauerei aus Southwold [F4] sollten Sie am besten gleich die »Adnams Champion Beer Box« mit nach Hause nehmen (http://cellar andkitchen.adnams.co.uk, £ 10).

… bleiben lassen sollten

Ein No-Go: Trinkgeld am Pub-Tresen geben

(41) London mit dem eigenen Auto Für den Innenstadtbereich wird eine Maut › **S. 49** erhoben, zudem ist Parken extrem teuer.

(42) Einzelrechnungen verlangen Kellner haben kein Verständnis für getrennte Rechnungen: gemeinsam essen, gemeinsam bezahlen.

(43) Schlange sprengen Engländer warten überall geduldig in Reih und Glied. Einzige Ausnahme ist der Pub – wahrscheinlich haben alle Angst, zu verdursten.

(44) Im Parlamentsgebäude zu sterben Echt makaber: Qua Gesetz ist es Besuchern untersagt, in den Houses of Parliament › **S. 50** zu sterben. Da es sich bei dem Gebäude rein formal um einen königlichen Palast handelt, hätten Verstorbene Anspruch auf ein Staatsbegräbnis.

(45) Auf doppelten gelben Linien parken Die zwei parallelen gelben Striche am Straßenrand bedeuten

absolutes Halteverbot › **S. 26**. Hier lässt die Polizei schneller abschleppen, als das Knöllchen bezahlt ist.

(46) Trinkgeld am Tresen Im Pub holt sich ein jeder seinen Drink am Tresen selber. Dafür gibt es natürlich kein Trinkgeld.

(47) Unhöflich sein Höflichkeit ist eine oberste englische Tugend, deshalb können *please, thank you* und *excuse me* in Ihrem Repertoire gar nicht häufig genug vorkommen.

(48) Touristische Höhepunkte am Wochenende besuchen Attraktionen wie Bath, Stonehenge, den Tower in London usw. sollten Sie besser an einem Wochentag besuchen. Am Wochenende ist es meist zu voll.

(49) Alle Briten für Engländer halten Unterscheiden Sie unbedingt zwischen Schotten, Walisern, Nordiren und eben Engländern.

(50) Kritik am Könighaus sollten Sie tunlichst vermeiden.

Was steckt dahinter?

Die kleinen Geheimnisse sind oftmals die spannendsten. Wir erzählen die Geschichten hinter den Kulissen und lüften für Sie den Vorhang.

Warum hat die Queen zweimal im Jahr Geburtstag?

Eigentlich hat Queen Elizabeth II am 21. April Geburtstag, doch aufgrund des (vermeintlich) besseren Wetters lässt sich die dienstälteste Monarchin der Welt immer erst im Juni beim Trooping the Colour › **S. 41** von ihren Untertanen feiern. Der genaue Tag, an dem der *Queen's Official Birthday* stattfindet, wechselt von Jahr zu Jahr.

Warum gibt es im Fußball ein englisches und bei Olympia ein britisches Team?

Der Grund liegt darin, dass die Fußballverbände von England, Schottland, Wales und Nordirland weitaus älter sind als der Fußballweltverband FIFA. Daher wurden ihnen gewisse Sonderrechte eingeräumt. Dazu gehört auch, dass sie eigene Nationalteams stellen können, obwohl sie keine eigenständigen Nationen sind. Dies widerspricht zwar dem Regelwerk des Internationalen Olympischen Komitees, doch dem IOC ist es bis dato nicht gelungen, gemeinsam mit der FIFA und den vier Fußballverbänden eine einvernehmliche Lösung zu schaffen.

Warum fahren die Engländer auf der linken Seiten?

Der Linksverkehr ist keine Erfindung der Neuzeit, sondern reicht zurück bis zu den alten Römern: Grund war, so eine Theorie, dass die meisten Menschen Rechtshänder sind und Waffen deshalb in der rechten Hand halten. Wer also mit Pferd, Streitwagen oder Kutsche unterwegs war, fuhr links, um sich im Vorbeifahren gegen mögliche Attacken wehren zu können. Während weite Teile der Welt mit Beginn des automobilen Zeitalters nach und nach auf Rechtsverkehr umstellten, blieben die Engländer dem Linksverkehr treu. 1835 wurde er im Highway Act verankert.

Warum gibt es »echte« und »unechte« Londoner«?

Auch wenn viele in der britischen Kapitale geboren sind, dürfen sich nur die wenigsten als »echte Londoner« bzw. »Cockneys« bezeichnen. Ein Cockney ist nur, wer in Hörweite der Glocken der St. Mary-le-Bow Kirche im Londoner East End das Licht der Welt erblickt hat. Auch sprachlich unterscheiden sich die Cockneys von den »unechten Londonern«. Eigenheit des Cockney ist der *rhyming slang,* eine humorige Bildsprache, die Begriffe durch völlig andere Reimwörter ersetzt. Füße, *feet,* werden zu *plates of meat* – Fleischtellern, ein Kumpel oder *mate* zu *China plate* – Porzellanteller (weitere Kostproben: www. cockney.co.uk).

Die St. Thomas Street mit dem Shard Skyscraper in London

REISE-
PLANUNG &
ADRESSEN

Die Reiseregion im Überblick

Die Queen und die königliche Familie, rote Telefonzellen und Doppeldeckerbusse, Nebel und Regen, Bowler Hat und Regenschirm, schwarzer Humor, Whisky und lauwarmes Bier – das sind nur einige Klischees, die mit England in Verbindung gebracht werden.

Doch so unterschiedlich die Klischees und Vorurteile sind, mit denen dieses Land behaftet ist, so facettenreich sind tatsächlich seine Landschaften und Besonderheiten. Das zentralistische **London,** Hauptstadt und Hauptziel ganzer Heerscharen von Touristen, ist fraglos eine Weltstadt mit ureigenem Flair: mal königlich-konservativ, mal geschichtsträchtig und traditionsbeladen und dann wieder extravagant, flippig und schrill. London steht für Shakespeare und Sherlock Holmes, für Banken, Mode und Popmusik, für Tower, Big Ben und futuristische Bauten in den Docklands, für eine Millionenstadt zwischen gestern und übermorgen. Die unterschiedlichsten Epochen der Geschichte liegen hier auf Schritt und Tritt beieinander. All dies zeigt eine ungeheure Vielfalt, aber auch eine eigene, unverwechselbare Identität, eine lange, bewegte Geschichte und ein großes kulturelles Erbe. In den Museen werden großartige Kunstschätze gehütet, mehr als eine Dependance hat mittlerweile die Londoner Tate. In der Hauptstadt versammeln sich zudem namhafte Architekturbüros, und zur Millenniumsfeier sowie für die Olympischen Sommerspiele 2012 wurden hochmoderne Projekte umgesetzt.

Wie anders dagegen der **Süden** Englands: Markant leuchten die weißen Klippen an der Südküste. Fruchtbar zeigt sich die Grafschaft Kent im Südosten, idyllisch das bisweilen mediterran anmutende Devon und Cornwall im Südwesten mit zerklüfteter Küste und eingebet-

---

Daran gedacht?

Einfach abhaken und entspannt abreisen

- ☐ Auslandskrankenversicherung (siehe Infos von A–Z)
- ☐ Reisepass / Personalausweis
- ☐ Flug- / Bahntickets
- ☐ Führerschein (Leihwagen)
- ☐ Sitter für Pflanzen und Tiere organisiert
- ☐ Zeitungsabo umleiten / abbestellen
- ☐ Postvertretung organisiert
- ☐ Hauptwasserhahn abdrehen
- ☐ Fenster zumachen
- ☐ Nicht den AB besprechen: »Wir sind für zwei Wochen nicht da.«
- ☐ Kreditkarte einstecken
- ☐ Medikamente einpacken
- ☐ Ladegeräte
- ☐ Adapter einstecken

Abendstimmung auf dem South West Coast Path bei St. Agnes an der Nordküste Cornwalls

teten Stränden. Blumenliebhaber erleben nicht nur mit Sissinghurst und Stourhead herrliche Gärten.

Nicht zu vergessen sind die Vorfahren aus der Stein- und der Bronzezeit, deren Hinterlassenschaften in Stonehenge und Avebury, aber auch im Dartmoor bis heute Rätsel aufgeben. Große Künstler wie Charles Dickens, Vita Sackville-West und Virginia Woolf zeigen in Chatham, Sissinghurst und Monk's House weitere Facetten dieses Landes.

Shakespeare bzw. seine Geburtsstadt Stratford-upon-Avon locken Kulturpilger nach **Mittelengland.** Dort erstrecken sich an der Nordsee die schier endlosen Weiten East Anglias, im Westen die Midlands, von langer Industriekultur geprägt. Manchester, Birmingham, Leeds und Liverpool sind seine traditionellen Industriemetropolen. Doch sie haben sich vom Smog befreit und wirtschaftlich umstrukturiert. Mit ihrem Kulturangebot sind sie auch touristisch zu interessanten Städten geworden. An authentischen Orten scheint Geschichte wieder aufzuleben. Die Universitätsstädte Oxford und Cambridge gehören dazu. Und stolz stehen die Kathedralschönheiten zu Salisbury, Winchester und Ely da und warten auf ihre Bewunderer.

Im **Norden** Englands hinterließen die Römer den Hadrian's Wall, und die Wikinger prägten die ursprüngliche Stadt York. Newcastle-upon-Tyne besticht mit moderner (Architektur-)Kunst, alte Industriestätten geben in Museen und Ausstellungen Aufschluss über ihre Vergangenheit. Und nicht zuletzt ist da mit langen Sandstränden, dem North York Moor und dem Lake District eine stille, schöne Natur.

Zu dieser immensen kulturellen Dichte, die das Land zu bieten hat, gesellt sich ein hoher Freizeitwert. Surfer toben sich vor der Küste Cornwalls aus, Segler finden rundum ihr Revier. Freizeitkapitäne schippern über die Flüsse der Norfolk Broads, Kinder erleben den Megathrill in einem der Vergnügungsparks. Und die Wanderer finden ein langes Wegenetz durch atemberaubend schöne und vielfältige Landschaften – viele von ihnen geschützt in einzigartigen Nationalparks.

Klima & Reisezeit

Im Einflussbereich nordatlantischer Tiefdruckgebiete gelegen, ist das Wetter in England oft wechselhaft und dennoch besser als sein Ruf.

Der warme Golfstrom sorgt für höhere Temperaturen als in Gegenden gleichen Breitengrades – besonders Cornwall und Devon profitieren davon. Im Winter liegen die Temperaturen bei milden 1–5 °C, im Sommer bei 14–30 °C, können aber auch bis zu 35 °C hinaufklettern. Im Schnitt sind die Monate von März bis Juni am trockensten, während von Oktober bis Januar die meisten Niederschläge registriert werden.

Die durchschnittliche Sonnenscheindauer pro Tag variiert im Sommer von 5 Std. im Norden bis zu 8 Std. auf der Isle of Wight vor der Südküste. Die beste Reisezeit liegt zwischen Mai und September.

Zwar regeln in England die Schulen ihre Ferientermine selbstständig, meist aber sind zwischen Mitte/Ende Juli und Ende August/Anfang September Schulferien.

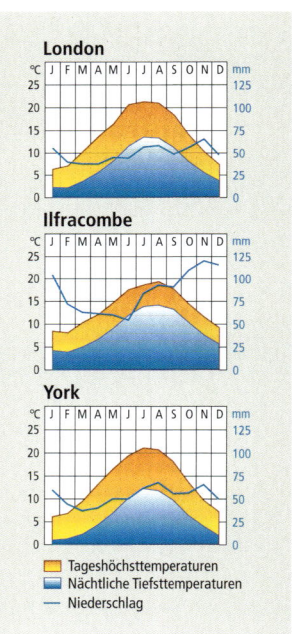

Anreise

Mit dem Flugzeug

Von allen größeren Flughäfen auf dem Kontinent werden mehrmals täglich Direktflüge nach London bzw. Manchester und Birmingham (Mittelengland) angeboten. London hat allein fünf Flughäfen, in Heathrow landen die Linienjets › **S. 56**.

Billiglinien haben inzwischen Bewegung in das Preisgefüge gebracht und weitere Ziele neu erschlossen: in Mittelengland etwa Liverpool, im Norden Newcastle-upon-Tyne oder Durham Tees Valley Airport und in Südengland zum Beispiel Bristol.

Mit der Fähre

Von den Hafenstädten an der niederländischen, belgischen und französischen Kanalküste legen Schiffe verschiedener Fährgesellschaften in Richtung englischer Süd- bzw. Ostküste ab. Die wichtigsten Verbindungen bestehen vom belgischen Oostende nach Ramsgate, vom französischen Calais und Dünkirchen nach Dover, vom niederländischen Rotterdam und belgischen Zeebrugge nach Hull, von Amsterdam-Ijmuiden nach Newcastle und von Hoek van Holland nach Harwich. Infos: z. B. www.aferry.de, www.directferries.co.uk, www.stenaline.de.

Durch den Kanaltunnel

Eine Alternative bietet der Kanaltunnel. Die Hochgeschwindigkeitszüge Thalys und Eurostar bringen Reisende in etwa 5 Std. von Köln nach London. Informationen gibt es in allen Reisebüros mit DB-Agentur oder direkt bei BritRail bzw. Rail Europe. Die Eurotunnel-Pendelzüge transportieren Autos samt Insassen und auch Busse, Wohnmobile, Motorräder in 35 Min. von Calais nach Folkestone. Info: Tel. 01805-000248, Mo–Fr 9.30–18 Uhr, www.eurotunnel.com.

Reisen im Land

Mit dem Flugzeug

Innerhalb Englands bieten neben British Airways (www.ba.com) auch Billigflieger wie easyJet (www.easyjet.com), Ryanair (www.ryanair.com), BMI (www.flybmi.com) oder FlyBe (www.flybe.com) von London, Manchester oder Birmingham Verbindungen zu kleineren Regionalflughäfen wie Southampton, Norwich, Bristol oder Plymouth an. Die wichtigsten Flughäfen mit weiterführenden Links unter www.visitbritain.com/de/de/reiseplanung.

Mit der Bahn

Größere Städte sind im Stundentakt mit Intercity-Zügen erreichbar. Fahrplaninfos finden sich unter www.nationalrail.co.uk. Günstig sind Bahnpässe wie der **BritRail England Pass** bzw. die **Visitor Oyster Card** für London. Ersterer muss, letzterer kann schon vor der Abreise gekauft werden. Info und Tickets: www.bahn.de, www.britrail.com oder www.visitbritainshop.com sowie für London: http://visitorshop.tfl.gov.uk.

Mit dem Bus

Busse des National Express verkehren zwischen allen größeren Städten und sind in der Regel preiswerter als die Bahn. Auch hier gibt es spezielle Pässe, so den **Brit Xplorer Pass** (für 7, 14 oder 28 Tage) oder für 16- bis 26-Jährige die **Young Person's Coachcard,** die einen Rabatt von bis zu 30 % gewährt (Info: National Express, Informationen, Fahrpläne und Tickets: Tel 08717-818178, www.nationalexpress.com).

Mit dem Auto

In England herrscht Linksverkehr. Bei links gelenkten Autos müssen die Frontscheinwerfer mit Isolierband oder speziellen Schablonen abgeklebt werden (erhältlich in Tankstellen und auf den Fähren), um das Blenden des Gegenverkehrs zu verhindern. »Rechts vor links« gibt es nicht, wer in einem Kreisverkehr *(roundabout)* fährt, hat Vorfahrt. Gelbe Linien signalisieren Parkverbot, doppelte gelbe Linien absolutes Parkverbot. **50 Dinge** ㊺ › S. 17. Die Promillegrenze für Autofahrer liegt bei 0,8.

Geschwindigkeitsbeschränkungen: Innerorts 30 mph (48 km/h), Landstraße 60 mph (96 km/h), Autobahn 70 mph (112 km/h). In London wird eine Pkw-Citymaut erhoben › S. 49. Weitere Verkehrsregeln: www.gov.uk/browse/driving/highway-code-road-safety. Nützliche Infos für Kfz-Fahrer erteilen die Automobilclubs AA (www.theaa.com) und RAC (www.rac.co.uk). Ungeübten Ausländern leistet der International Drivers Service bei Bedarf Hilfe (Tel. 020-85709190, www.internationaldriversservice.com).

Sport & Aktivitäten

Wandern, Trekking, Radfahren, Wassersport, Golf und Reiten – England bietet alle Voraussetzungen für einen gelungenen Aktivurlaub. Aktiv und doch ganz entspannt kann man seinen Urlaub aber auch auf einem Kanalboot verbringen.

Wandern

Insbesondere entlang der südwestenglischen Küste in Cornwall, Devon und Dorset, im Peak District, den Yorkshire Dales, den North York Moors und im Lake District erfreut sich Wandern großer Beliebtheit. Durch ganz England zieht sich ein dichtes Netz von Rund- und Fernwanderwegen, den sogenannten *Long Distance Footpaths* (Infos: www.nationaltrail.co.uk, www.walkingbritain.co.uk). Zu den populärsten Wanderwegen zählen der Hadrian's Wall Path › S. 130 (www.visithadrianswall.co.uk), der Coast to Coast Walk, der Cleveland Way › S. 131 (www.nationaltrail.co.uk/cleveland-way) und der South West Coast Path › S. 64 (www.southwestcoastpath.com).

Einen **Gepäcktransport** für Wanderer und Fahrradfahrer von Unterkunft zu Unterkunft, aber auch die komplette Organisation bietet **Sherpa Van Ltd** (1b Osiers Road, London SW18 1NL, Tel. 01748-826917, www.sherpavan.com).

SPECIAL

Mit Kindern unterwegs

Kinder aufgepasst! Ganz England ist eine Spielwiese – stimmt's? Na ja, fast. Immerhin: Nahezu alle Museen – z. B. das spannende **Science Museum** › S. 52 in London – bieten museumspädagogische Aktionen an, in den Seebädern der Ostküste lassen sich herrliche Sandburgen bauen und unter den folgenden Vorschlägen ist sicher für jeden etwas dabei.

Mächtig in Fahrt…

… kommen Groß und Klein in Englands Freizeitparks. Wer will, kann dort auch gleich übernachten: Die Parks bieten Pauschalen inklusive Unterkunft und Eintritt an (Infos auf den Websites).

Alton Towers zählt zu den beliebtesten Freizeitparks in England. Spektakulär sind besonders die beiden Achterbahnen, die senkrecht nach unten und kopfüber sausen. Derweil erweist sich eine andere – an das Abenteuer von *Charlie and the Chocolate Factory* angelehnte – Fahrt als Sinnenreise durch Willy Wonkas geniale Schokoladenfabrik.

Vergnügen pur verspricht der **Blackpool Pleasure Beach,** wo die 65 m hohe Achterbahn spektakuläre Loopings dreht und zahlreiche *Family Rides* mit kindgerechten Angeboten aufwarten.

Drayton Manor hält mehr als 100 verschiedene Fahrtmöglichkeiten bereit: z. B. eine Achterbahn, in der man stehen kann, sowie Europas einzige Kreiselschaukel.

Chessington World of Adventures gilt als *der* Freizeitpark für die ganze Familie. Das Gros der Fahrten ist für Kinder unter zwölf Jahren geeignet. Außerdem gibt's hier einen Zoo mit vielen seltenen Tierarten sowie Tiershows.

- **Alton Towers Theme Park** [D5]
  Alton | Staffordshire ST10 4DB
  Tel. 0871-2223330
  www.altontowers.com

Im Safari-Park Longleat

- **Blackpool Pleasure Beach** [C3]
  525 Ocean Boulevard | Blackpool
  FY4 1EZ | Tel. 0871-2221234
  www.blackpoolpleasurebeach.com
- **Drayton Manor Park** [D4]
  (bei) Tamworth | Staffordshire
  B78 3TW | Tel. 0844-472 1950
  www.draytonmanor.co.uk
- **Chessington World
  of Adventures** [E5]
  Leatherhead Road | Chessington
  Surrey KT9 2NE | Tel. 0871-6634477
  www.chessington.com

Tierisch gut

Safari-Feeling auf einem englischen
Adelssitz in **Longleat**: Im eigenen
Auto fährt man dicht an freilaufen-
den Löwen, Giraffen, Zebras und
Tigern vorbei. Vor den Toren von
Lowestoft › S. 104 erweckt **Africa
Alive!** den Zauber der afrikanischen
Savanne mit geführten Familien-
safaris zum Leben. Ein leibhaftiges
Affentheater gibt die **Monkey World**
zum Besten mit 15 Affenarten.

- **Longleat** [D5]
  The Estate Office
  Warminster BA12 7NW
  Tel. 01985-844400
  www.longleat.co.uk
- **Africa Alive!** [F4]
  White's Lane
  Kessingland | Lowestoft NR33 7TF
  Tel. 01502-740291
  www.africa-alive.co.uk
- **Monkey World** [D6]
  Longthorns
  Wareham | Dorset BH20 6HH
  Tel. 01929-462537
  www.monkeyworld.org

Herrlich schauderhaft

In vielen englischen Städten gibt es
abendliche Geistertouren – so z. B.
in **York** › S. 132, Englands offizieller
Spukhauptstadt, und in **London**
› S. 46. Aber Achtung: nichts für
Schreckhafte!

- York: Tel. 01759-373090 oder
  01904-764222
  www.theoriginalghostwalkofyork.
  co.uk | **50 Dinge** ① › S. 12.
- London: Tel. 020-85308443
  www.london-ghost-walk.co.uk

Burgfräulein und
Rittersleut

Mittelalterliche Spektakel mit
Gauklern und Hofnarren sowie
Schaukämpfen von Rittern gehören
zum täglichen Programm von **Warwick Castle** › S. 114. Hier können die
Kinder in historische Kostüme
schlüpfen und dabei spielerisch
Interessantes über Heinrich VIII.
erfahren.

- **Warwick Castle** [D4]
  Warwick
  Warwickshire CV34 4QU
  0871-2652000
  www.warwick-castle.com

Fahrradfahren

Das **National Cycle Network** umfasst 16 000 km an Rad- und Wanderwegen. Vielerorts kann man Räder mieten, Veranstalter bieten Radurlaub inklusive Gepäcktransport und Unterkunft an. Wer mit dem Mountainbike ins freie Gelände will, darf dort nur solche Wege befahren, die z. B. als *Bridleways* gekennzeichnet sind. Viele Informationen und Vorschläge für Fahrradferien bieten Sustrans (Tel. 0117-9268893, www.sustrans.org.uk) oder CTC Touring Dept. Parklands (Tel. 01483-238301, www.ctc.org.uk).

Wassersport

Wer sich nicht im, sondern auf dem Wasser tummeln möchte, findet vor Englands Küsten und auf den Seen ideale Bedingungen zum Segeln und Surfen. Sehr entspannt ist ein Urlaub mit dem Kanalboot oder Kabinenkreuzer. Einen Motorbootführerschein braucht man nicht – nach kurzer Einweisung schippert man dann zum Beispiel auf der Themse oder durch die Kanäle der Norfolk Broads › S. 106. Am besten im Heimatland buchen, die Preise sind dann meist niedriger. Infos: www.waterways-uk.com, Übersicht: www.canalrivertrust.org.uk.

Golf

In Großbritannien ist Golf keineswegs ein elitärer Sport. Überall im Land gibt es 18-Loch-Plätze, hin und wieder auch noch 9-Loch-Plätze. Da längst nicht immer ein Handicap-Nachweis verlangt wird, die Green Fees niedriger liegen als auf

❗ Erst-klassig

Paradiese für Pedalritter

- Der fast ganz flache **Rutland Water Cycleway** bei Oakham **[E4]** in der Grafschaft Leicestershire erschließt das seenreiche Naturschutzgebiet in all seiner Schönheit (27 km). Info: www.rutlandwater.org.uk; Fahrradverleih: www.rutlandcycling.com
- Beliebt ist die Tour entlang des **Kennet and Avon Canal** zwischen **Reading** und **Bristol** › **S. 91**. Wem die 160 km zu viel sind, fährt nur das flache 42-km-Teilstück zwischen Marsh Benham bei Newbury und Reading. Info: www.canalrivertrust.org.uk
- Auf knapp 45 km Länge durchquert der **Viking Coastal Trail** auf der Halbinsel **Isle of Thanet [F5]** eine der attraktivsten Regionen der Grafschaft Kent. Die Rundtour hat nur wenige steile Anstiege und passiert spektakuläre Küstenabschnitte. Info: www.visitthanet.co.uk/attractions/viking-coastal-trail/8676; Fahrradverleih: www.kensbikes.co.uk
- Als größere Herausforderung erweist sich die 95 km lange Umrundung der **Isle of Wight** › **S. 73**, die dafür ein perfektes Inselkaleidoskop liefert – vorbei an verschlafenen Nestern und imposanten Klippen. Info: www.sunseaandcycling.com, www.cyclewight.org.uk; Fahrradverleih: www.tavcycles.co.uk

dem Kontinent und meist auch Ausrüstung vermietet wird, genügt ein Anruf, um die Öffnungszeiten zu erfragen und sich anzumelden (Info: www.englandgolf.org).

Reiten

In England kann man (fast) überall reiten. Für Anfänger und Kinder eignet sich insbesondere das *pony trekking,* während erfahrene Reiter beim sogenannten *trail riding* oft mehrere Tage unterwegs sind (Info: www.bhs.org.uk).

Ideenpool VisitBritain

Sei es Sport, Shoppen oder Outdoor-Fun, seien es Konzerte und Galerien oder Englands Gärten – auf der Website von VisitBritain › **S. 154** gibt es jede Menge Ideen für einen Aktivurlaub in England.

Unterkunft

Die Palette der Möglichkeiten reicht von stilvollen Country- oder Burghotels über Fünfsternehäuser internationaler Hotelketten bis zu Ferien auf dem Bauernhof und Zimmern in Studentenwohnheimen während der Semesterferien.

Über die VisitBritain-Website › **S. 154** findet man Adressenlisten und kann Infomaterial kaufen (6,50 € bis 22 €). Den nützlichen Service *Book a bed ahead* bieten die meisten Touristenbüros: Gegen geringe Gebühr suchen und buchen sie eine Unterkunft in einem anderen Ort für die nächste Nacht.

Bed & Breakfast

Die klassische englische Art, im Urlaub zu übernachten, ist das *Bed & Breakfast* bei Privatleuten, die in ihrem Haus Zimmer vorhalten und ein opulentes Frühstück servieren. Pro Person und Nacht kostet die Übernachtung hier je nach Lage und Ausstattung £ 20–90. Pensionen, sog. *Guesthouses,* bieten selten

Der National Trust

Man begegnet ihr auf Schritt und Tritt, ist die Stiftung doch der größte private Grundeigentümer in England. Ziel: die Pflege der Parks und Gärten, römischen Bauwerke, der Kirchen und Schlösser, der landwirtschaftlichen Betriebe und alten Industrieanlagen (www.nationaltrust.org.uk).

Mit dem **Touring Pass** des National Trust hat man freien Eintritt in alle Trust-Liegenschaften. Der Touring-Pass ist nicht (!) vor Ort erhältlich, sondern direkt über VisitBritain zu beziehen. Er kostet für 7 Tage € 31,50 (Familie € 64), für 14 Tage € 37,50 (Familie € 79,50). Onlinebestellungen: www.visitbritainshop.com.

bessere Zimmer als B & B, haben jedoch um ein Drittel höhere Preise.

Während der Hauptsaison geht man mit der Buchung der Unterkünfte für London und andere favorisierte Ziele wie die Südküste über eine Agentur › S. 57 auf Nummer sicher.

Ferienhäuser

Wer mit Kindern reist, zieht vielleicht ein Ferienhaus oder eine Ferienwohnung vor. Infos gibt's bei:

England for Runaways

Offizielle deutsche Vertretung der britischen Ferienhausanbieter.
• Tempelhofer Straße 28
  D-63179 Obertshausen
  Tel. 06104-78 96 70 (Katalog)
  78 96 80 (Hotline) | www.britain.de

Der National Trust wie auch der Landmark Trust vermieten alte Gemäuer als Ferienwohnungen:

Landmark Trust [E5]
• Shottesbrooke | Maidenhead
  Berkshire SL6 3SW
  Tel. 01628-825925
  www.landmarktrust.org.uk

The National Trust Holiday Cottages [D5]
• National Trust Holiday Contact Centre
  PO Box 536 | Melksham | Wiltshire
  SN12 8SX | Tel. 0344-8002070
  www.nationaltrustcottages.co.uk

Jugendherbergen

Viele der über 250 Jugendherbergen sind in schönen alten Landhäusern zu finden. Ein internationaler Jugendherbergsausweis ist Pflicht – außer in den vielen unabhängigen Hostels. Infos hält bereit:

Youth Hostels Association [D4]
• Trevelyan House | Dimple Road
  Matlock | Derbyshire DE4 3HY
  Tel. 0800-0191700 | www.yha.org.uk

Campingplätze

Eine gute Ausstattung ist Standard. Infos gibt es unter http://camping.uk-directory.com. Über die Website von VisitBritain › S. 154 kann man auch Verzeichnisse kaufen.

! Erst-klassig

Häuser mit Stil und Charme

• London sollte man sich gönnen, und das **Grange Blooms Hotel** im Viertel Bloomsbury bietet den perfekten Rahmen. › S. 58
• Fachwerk und Südküstencharme zeichnen das traditionsreiche **Mermaid Inn** in Rye aus. › S. 69
• Das romantisch-verspielt dekorierte B & B **The Braeside** in Exeter verwöhnt auch mit vegetarischem Frühstück. › S. 80
• Mit 30 perfekten Zimmern wartet das **Georgian Town House** in Norwich auf. › S. 105
• Ideal für Gartenfreunde: Im **My Way Guest House** nahe Durham gibt es Frühstück im Gewächshaus und einen weiten, blühenden Privatgarten. › S. 140
• Ökologischen Anspruch und Aktivitäten im Lake District bietet das B & B **Cumbria House**. › S. 146

St. Ives – Künstlerort an
der Cornwall Coast

LAND & LEUTE

Steckbrief

- **Staatsform:** Parlamentarische Monarchie
- **Hauptstadt:** London (8,3 Mio. Einw.)
- **Großstädte und Ballungsräume:** Birmingham (1,08 Mio.), Leeds (750 000), Liverpool (552 000), Sheffield (551 000), Bradford (523 000), Manchester (502 000), Bristol (432 000)
- **Bevölkerung:** 54,3 Mio.
- **Bevölkerungsdichte:** 407 Einw./km²
- **Religion:** Anglikanische Staatskirche 57 %, Katholiken 13 %, Presbyterianer 7 %, Methodisten 4,3 %, Muslime 1,4 %, Hindu 0,7 %
- **Bruttosozialprodukt (ganz GB):** £ 1454 Mrd.
- **Arbeitslosigkeit (ganz GB):** 5,4 %

- **Fläche:** 130 395 km²
- **Höchster Berg:** Scafell Pike (978 m) im Lake District
- **Längste Flüsse:** Themse (346 km), Severn (300 km), Trent (298 km), Great Ouse (230 km)
- **Landesvorwahl:** 0044
- **Währung:** Britisches Pfund bzw. Pound Sterling (£)
- **Zeitzone:** MEZ −1 Std (GMT)

Lage

Die britische Insel teilen sich England, Schottland im Norden sowie Wales, das im Westen ins Meer hineinragt. Allzuleicht wird Großbritannien mit England gleichgesetzt, das den größten Teil beansprucht, umspült vom wärmenden Golfstrom aus Südwesten. Dort trifft auch der Atlantik auf die zerklüftete Küste. Nördlich von Wales liegt die Irische See im Schutz von Irland. Englands Ostküste grenzt an die Nordsee, die Südküste an den Ärmelkanal, die Wasserstraße zwischen Great Britain und Frankreich.

Natur und Umwelt

Da die ländlichen Gegenden Englands agrarisch intensiv genutzt werden, sind wilde Pflanzen und Tiere immer mehr auf Naturschutzgebiete angewiesen. Wilde Ponys durchstreifen z. B. den New Forest, das Dartmoor und das Exmoor, wo auch die größte Rotwildpopulation der Region lebt.

Die Royal Society for the Protection of Birds (RSPB) pflegt ihre Vogelschutzgebiete. Im Binnenland leben schillernde Eisvögel und viele Arten von Sing- und Entenvögeln, an der Küste Papageitaucher, Austernfischer, Sturmschwalben, Kormorane, Tordalke.

Gut 7 % der Fläche Englands sind von Wald bedeckt, meist Nadelwald mit Nutzholz. Eschenwälder oder Haselnusshaine finden sich noch in den Yorkshire Dales. Auf den Hochmoorflächen wachsen u. a. Sumpfrosmarin und der seltene Sonnentau.

Aufgrund von Giftmüllex- und -importen, von Müllverklappung in der Nordsee und wegen ihrer Atompolitik galten die Briten lange Zeit als Schmutzfinke. Inzwischen wächst in der Bevölkerung das Umweltbewusstsein deutlich.

Politik und Verwaltung

Staatsoberhaupt des Vereinigten Königreiches von Großbritannien und Nordirland ist der Monarch, seit 1952 Elisabeth II. Die parlamentarisch-demokratische Erbmonarchie beruht auf mehreren Verfassungsgesetzen, von denen die Magna Charta (1215) das älteste ist. Diese Verfassungsgesetze sowie Gewohnheitsrecht regeln die Zusammenarbeit von Parlament, Regierung und Krone, die überwiegend repräsentative Aufgaben hat, aber auch das Recht, um Rat gefragt zu werden.

Die derzeit 650 Mitglieder des *House of Commons* (Unterhaus) werden gewählt – und zwar für höchstens fünf Jahre –, die meisten der gegenwärtig 780 Mitglieder des *House of Lords* (Oberhaus) dagegen von der Krone auf Vorschlag der Regierung ernannt. Die politische Alltagsarbeit leistet das Unterhaus.

Die Partei mit der größten Fraktion stellt den Premierminister, der unter den Abgeordneten des Unterhauses die Mitglieder seines Kabinetts auswählt.

Seit Ende des Zweiten Weltkriegs wechseln sich die Labour Party und die Conservative Party (Tories) in der Regierungsverantwortung ab. Am 23. Juni 2016 votierte das Vereinigte Königreich für den Austritt Großbritanniens aus der Europäischen Union. Als Nachfolgerin des zurückgetretenen David Cameron wurde Theresa May am 13. Juli zur neuen Premierminsterin ernannt.

Wirtschaft

Das ökonomische Zentrum Englands und Großbritanniens ist London, wo alleine etwa 20 % des britischen BIP erwirtschaftet werden. In Südengland dominiert neben dem Agrar- und Rohstoffsektor der Tourismus. Portsmouth und Southampton sind wichtige Fähr- bzw. Industriehäfen, Bristol ist ein bedeutender High-Tech-Standort, wo zum Beispiel Airbus-Flugzeuge und Rolls-Royce-Triebwerke produziert werden. Die alten Industriestädte Manchester, Sheffield und Leeds verzeichnen dank eines Strukturwandels einen Aufschwung.

Privater Dienstleistungssektor sowie öffentliche Hand stellen das Gros der Arbeitsplätze. Die Wirtschafts- und Finanzkrise ab 2008 traf Großbritannien und den Finanzplatz London hart. Rettungspakete führten zu hoher Staatsverschuldung; seit 2011 gelten deshalb drastische Sparmaßnahmen.

Geschichte im Überblick

Ca. 800 v. Chr. Keltische Stämme besiedeln Südengland.

43–410 n. Chr. Die Römer beherrschen weite Teile Britanniens.

Um 449 Jüten, Angeln und Sachsen gründen sieben Königreiche.

1066 Wilhelm der Eroberer, Herzog der Normandie, wird nach der Schlacht bei Hastings König.

1215 Johann Ohneland unterschreibt die Magna Charta, die die Rechte der Stände sichert.

1455–1485 Nach den sog. Rosenkriegen der Häuser York (weiße Rose) gegen Lancaster (rote Rose) wird Heinrich Tudor König.

1509–1547 Heinrich VIII. gründet die anglikanische Staatskirche mit ihm als Oberhaupt und säkularisiert die Klöster.

1558–1603 Nach dem Sieg über die spanische Armada (1588) steigt England unter Elisabeth I. zur See- und Kolonialmacht auf.

1642–1660 Es herrscht Bürgerkrieg zwischen Karl I. und Oliver Cromwell. 1649 wird der König enthauptet. Cromwell regiert ab 1654 als Lord Protector und führt die Republik ein.

1660 Restauration des Königshauses, Karl II. wird neuer Herrscher.

1689/1689 Glorious Revolution: In einem unblutigen Staatsstreich übernimmt Wilhelm von Oranien die Regierung, der unbeliebte katholische König Jakob II. flieht.

1805 Lord Nelson siegt bei Trafalgar und sichert England für ein Jahrhundert die Macht auf See.

1837–1901 Unter Königin Viktoria machen Industrialisierung und Kolonialisierung Großbritannien zur Weltmacht.

1939–1945 Im Zweiten Weltkrieg sterben 30 000 Menschen bei Luftangriffen auf London.

1952 Elisabeth II. wird Königin.

1973 Beitritt Großbritanniens zur EWG.

1990 Margaret Thatcher muss zurücktreten; neuer Regierungschef wird John Major.

1997 Die Labour Party unter Tony Blair löst nach 18 Jahren die konservative Regierung ab.

2005 Verheerende Terroranschläge auf Londoner U-Bahnen und Busse mit über 50 Toten.

2007 Rücktritt Tony Blairs; neuer Premier wird Gordon Brown.

2010 Neue Regierungskoalition aus Konservativen und Liberalen unter Premier David Cameron.

2011 Premier Cameron blockiert eine Änderung der Euro-Stabilitätsverträge und lehnt auch einen Beitritt zur EU-Fiskalunion ab.

2012 Vom 27. Juli bis 12. August finden die 30. Olympischen Sommerspiele u. a. in London statt.

2014 Rund 55 % der Schotten sprechen sich beim Unabhängigkeits-Referendum am 18. Sept. für den Verbleib im Königreich aus.

2016 Mit 51,9 % sprechen sich die Briten am 23. Juni für den Austritt aus der EU aus. Rücktritt von Premierminister David Cameron; Nachfolgerin wird Theresa May.

Kunst & Kultur

Architektur

Knapp 400 Jahre herrschten die Römer in Britannien und hinterließen z. B. in Bath oder mit dem Hadrian's Wall hervorragende Zeugnisse ihrer Architektur. In der angelsächsischen Zeit entstanden schlichte, wehrhafte Bauten, von denen nicht viele erhalten sind.

Als imposantestes Beispiel des normannischen Baustils – auf dem Kontinent Romanik genannt – gilt der White Tower, der älteste Teil des Tower of London. Um 1130 führten Zisterziensermönche die Gotik auf der Insel ein, die beim Bau der Kathedralen von Wells, Winchester und Salisbury im *Early English Style* (Betonung der horizontalen Wirkung) zur ersten rein englischen Variante entwickelt wurde. Dem *Decorated Style* des 14. Jhs. (Betonung der Raumwirkung, feine Steinmetzarbeiten wie in den Kathedralen von Exeter oder York) folgte um das 15. Jh. der *Perpendicular Style* (große Fenster, prachtvolle Fächergewölbe), der bei der Kapelle des King's College in Cambridge extrem ausgeprägt ist.

Beim *Tudor Style* (1500–1600) mischen sich Elemente der Gotik und der Renaissance. Große Adelspaläste, die *stately homes,* entstanden vielfach aus rotem Backstein. Typisch für den *Elizabethan Style* (17. Jh.) waren reich geschmückte Fachwerkhäuser, die noch heute zahlreiche englische Städte zieren. Parallel vollzog Indigo Jones mit dem *Palladio-Stil* die Hinwendung zu klassizistischen Formen. Jones setzte vor seine Repräsentationsbauten wie das Queen's House in Greenwich säulenverzierte Tempelfronten. Ein weiterer genialer Architekt dieser Epoche war Sir Christopher Wren, der nach dem Großen Feuer 1666 in London viele markante Gebäude in der Stadt erbaute – darunter als Meisterwerk die St. Paul's Cathedral.

In der klassizistischen Epoche setzen der *Georgian Style* (ab 1714) und vor allem der *Regency Style* des Architekten John Nash die stärksten, stadtbildprägenden Akzente. Unter der Herrschaft von Königin Victoria (1837

Große Stilvielfalt in der englischen Architektur des Mittelalters

Reicher Figurenschmuck ziert die Westfassade der Wells Cathedral

bis 1901) kam es dann zum Historismus oder *Victorian Style,* der sich beispielsweise in der Neogotik der Houses of Parliament zeigt, aber auch, wie etwa beim British Museum, klassizistisch-griechische Elemente einbezieht.

In neuerer Zeit beeindrucken die Arbeiten von James Stirling, Hausarchitekt der Londoner Tate Gallery, von Lord Norman Foster (Sainsbury Centre for Visual Arts, Millenium Bridge, Swiss Re Tower und Council House in London), von Richard Rogers (Lloyd's Gebäude, London) und Renzo Piano, der mit »The Shard« das höchste Gebäude des Landes schuf. Im Londoner Stadtteil Stratford entstand für die Olympischen Spiele 2012 der 200 ha große Queen Elizabeth II. Olympic Park mit herausragenden Sportstätten und Unterkünften, einen Architekturpreis erhielt das Radsport-Velodrom von Mike Taylor (Hopkins Architects).

Literatur

Noch umfangreicher als die Architekturgeschichte erscheint die englische Literatur. Von Geoffrey Chaucers »Canterbury-Tales« aus dem 14. Jh. bis zu den bösen Satiren der Feministin Fay Weldon gibt es alle bedeutenden Werke auf Deutsch – natürlich auch die 35 Dramen und viele Sonette William Shakespeares › **S. 39** sowie die Romane von Charles Dickens › **S. 62**.

Als einer der wichtigsten zeitgenössischen Romanautoren Englands – sprachvirtuos und von philosophischer Tiefe – galt John Fowles (1926 bis 2005). 2005 wurde Harold Pinter, der herausragende Autor des absurden Theaters, mit dem Nobelpreis für Literatur ausgezeichnet, und er war nicht der Erste und nicht der Letzte: 2001 erhielt schon der 1938 in Trinidad geborene Schriftsteller V. S. Naipaul diese begehrte Auszeichnung, 2007 wurde sie Doris Lessing (1919–2013), einer britischen Schriftstellerin iranischer Herkunft, zugesprochen.

Überhaupt gehen starke Impulse der neueren Literatur von den Autoren ethnischer Minderheiten aus. Der Drehbuch- und Romanautor Hanif Kureishi etwa (»Mein wunderbarer Waschsalon«) ist auch auf dem Kontinent kein Unbekannter. Zadie Smith (»Zähne zeigen«, »Der Autogrammhändler«) und Monica Ali (»Brick Lane«) sind weitere Beispiele für junge, erfolgreiche Autorinnen mit Migrationshintergrund.

Ihre eigene Fangemeinde hat daneben die englische Kriminalliteratur, deren Bogen von Sherlock-Holmes-Klassikern aus der Feder von Sir Arthur

Conan Doyle über Agatha Christie und Edgar Wallace bis zu den »mörderischen« Büchern von Ruth Rendell alias Barbara Vine reicht. Bestseller in Serie lieferte auch die 2014 verstorbene Sue Towsend mit der Adrian-Mole-Reihe sowie »Die Königin und ich«; Rekordauflagen erreichten die Romane von Rosamunde Pilcher sowie die acht »Harry-Potter«-Bände von J. K. Rowling.

Malerei und Bildhauerei

Wer englische Herrenhäuser und Landsitze besucht, wird immer wieder auf die Namen einiger weniger Maler stoßen. Dazu zählt William Turner, der um die Wende zum 19. Jh. wie kein anderer in seinen Aquarellen und Ölgemälden Licht und Farbe auf die Leinwand zu zaubern vermochte. Gleichzeitig schufen Thomas Gainsborough › **S. 102** und John Constable › **S. 103** Landschaftsbilder, die ganz natürlich scheinen.

Etwas früher stieg Joshua Reynolds als Porträtmaler der besten Kreise zu höchsten Ehren auf, während William Hogarth in seinen Stichen die Gesellschaft böse karikierte und als Wegbereiter dieses Genres gilt. Als Porträ-

William Shakespeare

William Shakespeare kam wohl am 23. April 1564 in Stratford zur Welt. Als etwa 22-Jähriger verließ er seinen Heimatort, seine Frau und die drei Kinder. In London feierte er rasch Erfolge – als Bühnenautor wie als Teilhaber am Globe Theatre. Seine Theatertruppe spielte vor Elisabeth I. am Hofe, Jakob I. gestattete die Umbenennung der Schauspieltruppe in *King's Men*. Nun genoss sie königliche Protektion. Zwischen 1611 und 1613 kehrte der berühmte Dramatiker und Dichter nach Stratford zurück, wo er 1616 starb. Die erste Gesamtausgabe seiner Werke 1623 erlebte er nicht mehr. Diese Folioausgabe umfasste 12 Tragödien, 10 Historiendramen und 14 Komödien.

Schon zu Lebzeiten war Shakespeare als führender Dramatiker der englischen Sprache unumstritten. Bis in die heutige Zeit fordert gerade die Vielschichtigkeit der Shakespeare-Stücke die Theatermacher heraus.

Dass seine lückenhafte Biografie Shakespeare-Forscher zu den wildesten Spekulationen verführte, verwundert nicht und wurde 2011 von Roland Emmerich im Hollywoodstreifen »Anonymous« thematisiert. Eine Weile ging das Gerücht, dass William Shakespeare all seine Stücke gar nicht selbst geschrieben habe, sondern als Strohmann für einen Adeligen aufgetreten sei. Man traute dem Sohn eines einfachen Händlers vom Lande nicht zu, sprachlich derart elaborierte Werke zu Papier gebracht zu haben.

Die Shakespeare-Forschung hat an Shakespeare als historischer Persönlichkeit und an seiner Autorenschaft jedoch kaum Zweifel – auch wenn die Frage nach Sein und Schein ein zentrales Thema seiner Kunst war …

tisten adeliger Familien waren vor allem Godfrey Kneller und der Flame Anthonis van Dyck gefragt.

Im 19. Jh. verschrieben sich die Präraffaeliten, darunter Dante Gabriel Rossetti und Sir Edward Burne-Jones, der Revolution der viktorianischen Kunst. Zu Lebzeiten wurden sie stark angefeindet, heute sind ihre Werke neu bewertet und geschätzt.

Barbara Hepworth arbeitete stark abstrahierend bis gegenstandslos. Zusammen mit Henry Moore zählt sie zu den international renommierten Bildhauern des 20. Jhs. Expressionistisch und düster malte Francis Bacon. Heute führen der Pop-Art-Maler David Hockney, der Detailrealismus mit plakativer Malerei verbindet, und Skandalprovokateur Damien Hirst die englische Kunstszene an.

Musik

Der Mönch Augustinus brachte 597 mit der christlichen Lehre auch die Kunst der gregorianischen Gesänge auf die Insel. Fahrende Barden trugen bei Hofe Heldenepen vor, die Plantagenet- und Tudorkönige (12.–16. Jh.) hielten ständig Fiddle-(Geigen-), Flöten- und Rebec-(dreisaitige Geige-) Spieler unter ihren Höflingen. »Masques«, die erste Vorform der Oper, gehörten zu ihrem Unterhaltungsprogramm. Heinrich VIII. komponierte selbst, angeblich sogar den Evergreen »Greensleeves«. Oliver Cromwell (Regierungszeit 1654–1658) bereitete diesem Treiben ein abruptes Ende, er ließ Musiker hinrichten.

Aber mit der Rückkehr der Stuarts war der Schrecken vorbei. 1689 schuf Henry Purcell die erste englische Oper, »Dido und Aeneas«. Bald hatte die italienische Oper England erobert, über die sich dann 1728 John Gay in seiner »Beggar's Opera« lustig machte. Die reich instrumentierten Orchester entsprachen den musikalischen Visionen Georg Friedrich Händels, der lange in London lebte und hier seinen »Messias« (1742) komponierte.

Sir William S. Gilbert und Sir Arthur S. Sullivan feierten im 19. Jh. Triumphe mit ihren englischen Operetten, z.B. »Der Mikado« (1885).

Von den Komponisten ernster Musik des 20. Jhs. sei nur Benjamin Britten genannt › **S. 103**. Andrew Lloyd Webber schien seit »Jesus Christ Superstar« (1971) bis in die 1990er-Jahre das Monopol für Musicalerfolge allein gepachtet zu haben.

Spätestens seit den Beatles und ihren ständigen Konkurrenten, den Rolling Stones, kommen aus England immer neue Trends der Rock- und Popmusik. Auf die »Swinging Sixties« folgten Punk, Acidhouse Music, bunt adaptierende World-Music, die Elemente ganz verschiedenen musikalischen Ursprungs mixt. Dann machte der Britpop (Oasis, Blur, Pulp) von sich reden. All diese Einflüsse verschmelzen in der Musik des begnadeten Entertainers Robbie Williams. Auch die 2011 so jung verstorbene Soulsängerin Amy Winehouse erlangte Weltruhm.

Feste & Veranstaltungen

Januar: London Parade ([www.london parade.co.uk](www.londonparade.co.uk)), Europas größte Neujahrsparade, ab 12 Uhr. **50 Dinge** ㉚ › S. 16.
Februar: Chinesisches Neujahrsfest mit Feuerwerk in London ([www.china town.co.uk](www.chinatown.co.uk)).
April: Rennen der Achter-Ruderboote der Universitäten von Oxford und Cambridge (http://theboatrace.org) bei London.
Mai: Glyndebourne Opera Festival (www.glyndebourne.com), das exklusivste Opernereignis in Großbritannien. **Bath International Festival** (www.bathmusicfest.org.uk), eine renommierte Musik- und Kunstveranstaltung; **Chelsea Flower Show** (www.rhs.org.uk), Gartenschau auf dem Gelände des Royal Chelsea Hospitals in London.
Juni: Trooping the Colour (www.royal.gov.uk), große Militärparade anlässlich des offiziellen Geburtstages der Queen in London; **Broadstairs Dickens Festival** (www.broadstairsdickensfestival.co.uk) – bunte Zeitreise und Parade zu Ehren von Charles Dickens in Broad-

stairs in Kent; **Royal Ascot Race Meeting** (www.ascot.co.uk), das berühmteste Pferderennen der Welt mit Hutparade der Schönen und Reichen; **Wimbledon Lawn Tennis Championships** (www.wimbledon.com), das internationale Tennisturnier findet in der dritten und vierten Juniwoche statt.
Juli: Henley Royal Regatta (www.hrr.co.uk) in Oxfordshire; **Glastonbury Festival** (www.glastonburyfestivals.co.uk) in Somerset, beliebtes Pop-Festival.
August: Notting Hill Carnival (www.nottinghill-carnival.co.uk), karibischer Karneval in London; **Reading and Leeds Festival** (www.readingfestival.com, www.leedsfestival.com) – in Leeds und Reading steigt zeitgleich eines der größten Rockfestivals Europas.
November: Guy-Fawkes-Day (5. 11.), Feuerwerke zur Erinnerung an den Gunpowder Plot, sehr farbenprächtig in Lewes (East Sussex) und Ottery St. Mary (Devon); **Lord Mayor's Parade** (https://lordmayorsshow.london), Parade des Bürgermeisters der City of London.

Notting Hill Carnival: karibischer Karneval in London

Essen & Trinken

Die englische Küche

Lange stand England im Ruf, kulinarisches Notstandsgebiet zu sein. Schwer verdauliche Pasteten, verkochtes Gemüse, fettige *Fish and Chips* und, nicht zu vergessen, riesige Mengen an Gebratenem zum Frühstück ernteten nicht nur bei Gourmets Hohn und Spott. Doch inzwischen haben sich die kulinarischen Muffel zu echten Feinschmeckern gemausert. So nennt London heute mehr Restaurants mit Michelin-Stern sein eigen als jede andere europäische Metropole (2016 waren es 65 Sterne-Restaurants) und darf als eine Hauptstadt europäischer Esskultur gelten.

Überaus reichhaltig ist nach wie vor das Frühstück. Beim traditionellen *English Breakfast* folgt auf *cereals* (Getreideflocken aller Art) oder *porridge* (Haferbrei) das *fry up* (Frühstück aus der Pfanne) mit *bacon and eggs* (Speck und Spiegeleier) und *baked beans* (weiße Bohnen in süßlicher Tomatensoße), gegrillten Tomaten, *sausages* (Würstchen) und *mushrooms* (Pilze). Danach wird Toast mit leicht gesalzener Butter und *marmalade,* bitter schmeckende Konfitüre aus Zitrusfrüchten, gereicht. Andere Konfitüre heißt *jam.*

Zum Lunch gehen die Engländer mittags gern ins Pub, wo es eine breite Palette typischer Pubgerichte, *pub grub* genannt, und Snacks gibt. Beliebt sind *Ploughman's Lunch,* bestehend aus verschiedenen Käsesorten, Brot, Butter und Salat, aber auch Currys, indische Hühner-, Lamm- oder Rindfleischgerichte mit Reis. Als Klassiker gelten *Steak & Kidney Pie* vom Rind sowie Nierengulasch im Teigmantel oder *Shepherd's Pie* aus Hackfleisch mit

High Tea mit Sandwiches überbrückt die Zeit bis zum Dinner

Kartoffelpüree. Selbst wenn es zunächst nicht danach klingt – Vegetarier finden fleischlose Suppen, Pasteten, Salate etc.

Am Nachmittag ist es Zeit für einen *Cream Tea* mit warmen *Scones* (Kuchenteigbrötchen), Erdbeerkonfitüre und *clotted cream,* einem dicken, sahneähnlichen Rahm aus roher Kuhmilch. Als *High Tea* wird daraus gegen 17 Uhr eine vollständige Mahlzeit mit Thunfisch-, Käse-, Wurst- oder Truthahnsandwich.

Das abendliche Dinner ist die Hauptmahlzeit des Tages. Restaurantbesuche sind wesentlich teurer als auf dem Kontinent. Entlang der südenglischen Küste finden sich viele hervorragende *Seafood Restaurants,* wo frischer Fisch auf der Speisekarte steht. Unbedingt probieren sollte man aber auch typisch englische Gerichte wie Lamm in Minzsoße und Roastbeef mit Yorkshire Pudding.

Bier und Drinks

Knapp 400 Brauereien produzieren in Großbritannien mehr als 1200 Biersorten. Standardbier in den urigen Pubs ist das *Bitter*. Geschmacklich ähnlich, lediglich etwas süßer ist das *Mild,* während das ebenfalls beliebte *Brown Ale* kräftiger und malziger anmutet. Dem deutschen Biergeschmack am nächsten kommt *Lager*. Junge Engländer bevorzugen belgische oder australische Lagerbiere. Sehr beliebt ist zudem das schwarze *Stout,* das sich v. a. durch seinen starken Röstgeschmack, seinen cremigen Schaum und die Farbe von den anderen Bieren abhebt. Ob das bekannte irische Guinness oder dessen Hauptkonkurrenten Murphy's, McCaffrey's und Beamish's: Sie alle werden aus dunkel gedarrtem Malz und manchmal auch aus Rohgerste gebraut.

Kenner schätzen daneben die Geschmacksvielfalt der schottischen *Whiskys* oder der irischen *Whiskeys* – und hier insbesondere die Single Malts.

Außerdem erfreut sich *Cider,* eine Art Apfelwein, der vornehmlich in Südengland hergestellt wird, ausgesprochen großer Beliebtheit.

> **! Erst-klassig**
>
> ### Trödel, Kitsch und Köstlichkeiten
>
> • **London** legendärer Flohmarkt ist der Portobello Road Market. An der berühmten Straße gibt es außerdem alle möglichen Verkaufsstände und Läden. › S. 59
>
> • In **Canterbury** wartet der Farmers Market The Goods Sheds mit ausgesuchten Köstlichkeiten und einem hervorragenden Restaurant auf. › S. 66
>
> • Großbritaniens größter Markt, auf dem neben Obst und Gemüse auch Textilien verkauft werden, ist in **Norwich**. › S. 105
>
> • Auf dem Covered Market in **Oxford** können Sie schlemmen, bummeln, shoppen und vieles mehr. › S. 111

Die Great Dixter Gardens von Christopher Lloyd in Northiam, Südengland

TOP-TOUREN & SEHENS-WERTES

LONDON

Kleine Inspiration

- **Am Covent Garden** Straßenkünstler beobachten › S. 53
- **In Soho ausgehen** und bei Ronnie Scott's ein Jazzkonzert erleben › S. 53
- **In der Whispering Gallery** von St. Paul's Cathedral erlauschen, was auf der anderen Seite der Kuppel gesprochen wird › S. 54
- **Am Südufer der Themse** einen ausgedehnten Spaziergang machen › S. 55
- **Indisch essen** bei Masala Zone in Soho › S. 58

London: Stadt der Superlative und der Gegensätze. Hand in Hand gehen hier aristokratische Traditionen und neueste Trends. Diese Mischung macht London zu einem pulsierenden Mikrokosmos voller Vitalität.

Auf den Streifzügen durch die Straßen hat man die sprichwörtliche Qual der Wahl. London bietet nicht nur erstklassige Museen mit internationaler Kunst, mit Ausstellungen zu Geschichte, Naturwissenschaft und Design. Auch architektonisch entfaltet sich ein reicher Bilderbogen von der normannischen Baukunst des Tower bis zu den futuristischen Gebäuden der Docklands. Staunend könnte man sich fragen, ob mehr die Londoner oder die Touristen so ernsthaft alte Rituale um die Königsfamilie pflegen, und Kurioses lässt sich nicht nur im Wachsfigurenkabinett entdecken.

Shoppen, Bummeln und Leute anschauen kann man in London überall – am besten aber in Soho rund um Piccadilly und Oxford Circus. Nebenan, im Covent Garden, gibt's Theater, Ballett, Oper, Konzerte.

Viele Viertel der Metropole vermochten sich bis heute fast dörflichen Charme zu bewahren. Hervorragend bewegt man sich in dieser Stadt mit Bus und U-Bahn oder auch zu Fuß. Erholung bieten zahlreiche Grünflächen wie der Hyde Park, die Kensington Gardens und der Regent's Park oder auch die Themse mit ihrer attraktiven Promenade am Südufer.

Touren in London

Tour 1 **Auf den Spuren der Royals**

Route: Houses of Parliament › Westminster Abbey › Horse Guards › Buckingham Palace › Hyde Park › St. Paul's Cathedral › Tower of London

Karte: Seite 52
Dauer: 1–2 Tage

Die königliche Garde in Paradeuniform

Praktische Hinweise:
- Zu Fuß, mit Bus und U-Bahn; Startpunkt: Ⓤ Westminster.
- Wachwechsel am Buckingham Palace ist um 11.30 Uhr. Zur Hauptsaison zeitig da sein, denn es wird voll.

Tour-Start:

Ob pompöse Rituale oder stille Stätten des Gedenkens: Diese Tour lässt erahnen, welche Rolle in England den Royals zukommt.

Startpunkt sind an der Westminster Bridge die **Houses of Parliament** **1** › S. 50. Einst waren sie der Sitz der britischen Könige, heute tagt hier das Ober- und Unterhaus. In der Nähe ragt **Westminster Abbey** **2** › S. 50 empor, die traditionelle Krönungskirche. Elisabeth II. wurde 1953 hier gekrönt, 1997 fand hier der Gedächtnisgottesdienst für Prinzessin Diana statt und im Mai 2011 die Hochzeit von Prinz William und Kate Middleton.

Am schönen **St. James's Park** entlang, dem ehemaligen Jagdrevier Heinrichs VIII., erreicht man die **Horse Guards** **6** › S. 50. Hier findet jedes Jahr am 2. oder 3. Samstag im Juni die Militärparade »Trooping the Colour« zum offiziellen Geburtstag der Queen statt › S. 19.

Durch den Park oder entlang der Prachtstraße The Mall führt der Weg dann zum **Queen Victoria Memorial** beim **Buckingham Palace** **9** › S. 51. Von den Stufen des Denkmals lässt sich die **Wachablösung der Leibgarde** am besten mitverfolgen.

Nach der königlichen Residenz bietet sich ein Abstecher in den **Hyde Park** › S. 51 an. Im größten Park der Stadt erinnern das **Albert Monument** und der **Lady Diana Memorial Fountain** an zwei populäre Mitglieder des Königshauses.

Mit der U-Bahn gelangt man in die City of London zur großen **St. Paul's Cathedral** **21** › S. 54. In Londons Hauptkirche wurden 1981 Prince Charles und Lady Diana getraut. Rund zehn Gehminuten sind's danach zum **Tower of London** **22** › S. 55 – ebenfalls lange Zeit Sitz der englischen Könige und Zeuge der wechselvollen Geschichte des Landes. Je nach Gusto wäre die Besichtigung des Tower aber auch ein guter Auftakt für den nächsten Tag.

Themsefahrt

Route: **Westminster** › **Tate Modern** › **Greenwich** › **Westminster**

Karte: Seite 52/57
Dauer: 1 Tag
Praktische Hinweise:
- Mit einem »Hop on and hop off«-Ticket können Sie die Fahrt für Besichtigungen unterbrechen.
- Infos zu Fahrplänen und Anlegestellen unter www.tfl.gov.uk und Tel. 0343-2221234.

Tour-Start:

Eine neue Perspektive auf die Stadt eröffnet die Bootsfahrt auf der Themse. Die Schiffe starten bei den **Houses of Parliament** **1** › S. 50 am **Westminster Pier**.

Flussabwärts kommen rechts zunächst die **County Hall** › S. 55 und das **London Eye** › S. 55 in den Fokus. Erster Besichtigungsstopp ist die **Tate Modern** **24** › S. 56. Von dort spannt sich die spektakuläre **Millennium Bridge** über die Themse. Vorbei am **Globe Theatre** **25** › S. 56, am Museumsschiff **H.M.S. Belfast**, an der futuristischen **City Hall** und am **Tower of London** **22** › S. 55 geht es dann unter der **Tower Bridge** **23** › S. 55 hindurch. Links zeigen die **Docklands** und **Canary Wharf** › S. 56 ihr modernes Gesicht, rechts liegt der idyllische Stadtkern von **Green-wich** › S. 56, mit dem **Royal Naval College,** dem **Queen's House** und dem **National Maritime Museum** 29 › S. 56. Auf der Rückfahrt lässt man alles noch einmal Revue passieren.

 # Abendbummel

Route: Houses of Parliament › **County Hall** › **Southbank Centre** › **Covent Garden** › **Leicester Square**

Karte: Seite 52
Dauer: 2–5 Stunden
Praktische Hinweise:
- Theaterkarten zum halben Preis gibt es für den jeweiligen Tag am tkts Ticket Booth, Leicester Square (Mo–Sa 10–19, So 12–15 Uhr, www.tkts.co.uk).

Tour-Start:

Stimmungsvoller Startpunkt für den Abendbummel ist die **West-minster Bridge.** Prächtig beleuchtet, spiegeln sich hier die **Houses of Parliament** 1 › S. 50 in der Themse. Gegenüber bietet das **London Eye** › S. 55 eine Vogelperspektive über die Stadt in der Dämmerung, wenn nach und nach die Lichter angehen.

Queen's Walk heißt die Uferpromenade hier, wo Straßenkünstler, Londoner und Touristen sich gleichermaßen treffen – in einem der Cafés der **County Hall** › S. 55 etwa oder flussabwärts auf dem Weg zum **Southbank Arts Centre** › S. 55, Europas größtem Kulturzentrum. Dort sind mit der **Royal Festival Hall** und der **Queen Elizabeth Hall** gleich zwei

Ein Wahrzeichen Londons: die Tower Bridge

Konzerthallen zu finden, außerdem die **Saison Poetry Library** sowie die **Hayward Art Gallery,** die Do und Fr bis 20 Uhr geöffnet hat. Neben rund 1000 Veranstaltungen jährlich sorgen im Foyer (fast) täglich kostenlose Musik- und Tanzangebote für An- und Aufregung.

Innenstadt-Maut

Für Autos, die zwischen 7 und 18 Uhr in die Londoner Innenstadt fahren, wird eine Mautgebühr *(congestion charge,* £ 11,50) erhoben, **50 Dinge** 41 › **S. 17,** außer an Wochenenden und Feiertagen sowie 25. Dez.–1. Jan. Kameras erfassen die Fahrzeuge in der Zone (weiß-rotes »C«). Die Gebühr kann telefonisch oder online per Kreditkarte, innerhalb der gebührenpflichtigen Zonen auch in Parkhäusern oder Geschäften mit »epay«-Logo bezahlt werden. Weitere Infos: Tel. 0343-2222222, www.tfl.gov.uk.

Auf der anderen Seite der **Waterloo Bridge** liegt das Viertel **Covent Garden** mitten im **Theatre Land:** Eine Reihe von Theatern, darunter das **Royal Opera House** 18 › S. 54 wetteifert hier um die Gunst der Zuschauer. Kurz vor Vorstellungsbeginn kann man für den halben Preis nicht abgeholte Karten ergattern.

Pech gehabt? Macht nichts. Gleich um die Ecke, am **Leicester Square,** schlägt das touristische Herz der Hauptstadt. Unzählige Straßenkünstler tummeln sich hier. Kinos, Restaurants und Kneipen umrahmen den Platz – Ambiente genug, um den Abend in London herrlich abzurunden.

Verkehrsmittel

In London das Auto zu benutzen kostet Maut und Nerven. An »Request«-Bushaltestellen muss man den Bus per Handzeichen anhalten. Günstig ist die *Visitor Oyster Card,* die man aber schon zu Hause besorgen muss › S. 25. Für kürzere Aufenthalte reicht mitunter eine Travelcard (Info: www.londonpass.com).

Unterwegs in London [E5]

Westminster und Whitehall

Gleich an der Ⓤ Westminster stehen die ❗ prachtvollen neugotischen Houses of Parliament 1 ⭐, erbaut 1840–1860 nach Entwürfen von Pugin und Charles Barry. **50 Dinge** ㊹ › S. 17. Die BBC machte den unverkennbaren Glockenschlag des 97 m hohen Uhrturms **Big Ben** weltberühmt.

Schon seit Wilhelm der Eroberer in ❗ Westminster Abbey 2 ⭐ gekrönt wurde, finden alle Krönungsfeierlichkeiten in der gotischen Abteikirche statt. Zu ihren Kostbarkeiten gehören herrliche Fächergewölbe in der Kapelle Heinrichs VII. und die Poet's Corner, der Poetenwinkel im südlichen Querschiff, wo die großen englischen Literaten geehrt werden (Mo–Fr, Sa 9.30–15.30, Mi bis 18, So bis 13.30 Uhr, £ 18, www.westminster-abbey.org).

Etwas weiter südlich zeigt die **Tate Britain** 3 ⭐ an der Millbank erlesene englische Kunst ab dem 16. Jh., berühmt ist die Turner-Sammlung in der Clore Gallery (tgl. 10-18 Uhr, Eintritt frei, www.tate.org.uk).

An der Straße Whitehall ziehen sich die Ministerien entlang. In der Querstraße King Charles Street kann man die **Churchill Museum and Cabinet War Rooms** 4 besichtigen, in denen während des Zweiten Weltkriegs Churchills Regierungsstab arbeitete (tgl. 9.30–18 Uhr, £ 19, www.iwm.org.uk/visits/churchill-war-rooms). Längst ist wieder **No. 10 Downing Street** 5 Amtssitz der britischen Premierminister. Vor der Kaserne der **Horse Guards** 6 vollzieht die berittene Leibgarde ihre Wachablösung (Mo bis Sa 11 Uhr, So 10 Uhr).

Ein Blickfang gegenüber ist das **Banqueting House** 7, Anfang des

Trafalgar Square – seit der Umgestaltung durch Sir Norman Foster Londons »Piazza«

17. Jhs. vom großen Architekten Inigo Jones im palladianischen Stil errichtet. Die prachtvollen Deckengemälde im Bankettsaal schuf Peter Paul Rubens (tgl. 10–17 Uhr, £ 6, www.hrp.org.uk/banquetinghouse).

Whitehall mündet auf den **Trafalgar Square** 8, **50 Dinge** ④ › S. 12, wo Lord Nelson von der Säule (52 m) nach Schiffen Ausschau hält.

An der Nordseite des imposanten Platzes mit den beiden Fontänen sprühenden Brunnen zeigt die **National Gallery** Meisterwerke europäischer Malerei des 16. bis 20. Jhs., im Sainsbury Wing findet man die Bilder der Frührenaissance (tgl. 10–18, Fr bis 21 Uhr, Eintritt frei, www.na tionalgallery.org.uk).

Durch den **Admiralty Arch** gelangt man auf die Straße The Mall, die am **St. James's Park** entlang auf **Buckingham Palace** 9 zuführt. Im August und September (9.45–18.30, letzter Einlass 15.45 Uhr) öffnet die Queen die Stadtresidenz zur Besichtigung, die übrigen Monate muss man sich mit der Zeremonie der Wachablösung begnügen (Mai–Juli tgl. 11.30 Uhr, sonst jeden 2. Tag, www. royalcollection.org.uk).

Einblicke ins Leben der britischen Royal Family gibt es online auf der Homepage der königlichen Familie unter www.royal.gov.uk.

Hyde Park und Museumswelt

Nahe dem Marble Arch (Ⓤ Marble Arch) vollzieht sich an der **Speakers' Corner** 10 jeden Sonntag ein besonderes Spektakel: Hier kann seit dem Jahr 1872 jeder, der will, öffentlich eine Rede halten!

Wen die manchmal kruden Theorien verjagen, der kann über Oxford und Baker Street nordwärts zu **Madame Tussauds** 11 überaus populärem Wachsfigurenkabinett spazieren (tgl. 9–17, im Sommer 8.30 bis 18 Uhr, £ 29, Online-Tickets sind billiger, www.madametussauds.com/ London) oder durch den **Hyde Park** flanieren, der in die **Kensington Gardens** übergeht.

Im Sommer finden in der runden **Royal Albert Hall** 12 die beliebten Proms-Konzerte, aber auch Bälle und Rockkonzerte etc. statt (www.royalalberthall.com).

Im Museumsviertel fasziniert das naturwissenschaftliche **Science Museum** 13 Jung und Alt (tgl. 10 bis 18 Uhr, Eintritt frei, www.science

museum.org.uk). Mindestens genauso spannend stellt das riesige **Natural History Museum** 14 das Leben auf der Erde und die Erdgeschichte dar (tgl. 10–17.50 Uhr, Eintritt frei, www.nhm.ac.uk).

Konsumrausch pur verspricht ein Abstecher zum bekannten Traditions-Kaufhaus **Harrods** 15 an der Brompton Road (Mo–Sa 10–21, So 11.30–18 Uhr, www.harrods.com).

1	Houses of Parliament	5	No. 10 Downing Street	10	Speakers' Corner
2	Westminster Abbey	6	Horse Guards	11	Madame Tussaud's
3	Tate Britain	7	Banqueting House	12	Royal Albert Hall
4	Churchill Museum and Cabinet War Rooms	8	Trafalgar Square	13	Science Museum
		9	Buckingham Palace	14	Natural History Museum

Westend und Bloomsbury

Zentrum des berühmten Westend mit seinen Theatern und Musicalbühnen ist **Piccadilly Circus** 16 (Ⓤ Piccadilly Circus), Londons aufregendster Platz mit dem Eros-Brunnen. Nördlich von Piccadilly Circus erstreckt sich das Vergnügungsviertel **Soho**, wo man in der Frith, Dean und Greek Street viele gemütliche

Pubs, hervorragende Restaurants und trendige Cafés findet. Heiße Jazz-Sessions gibt es bei **Ronnie Scott's** (47 Frith St., Tel. 020-74390747, www.ronniescotts.co.uk).

Von Piccadilly Circus gelangt man über den begrünten und stets belebten **Leicester Square** zu den viktorianischen Markthallen von **Covent Garden** 17, wo Gaukler, Straßenakrobaten und Musiker die vie-

15	Harrods	20	Museum of London	25	Shakespeare's Globe Theatre
16	Piccadilly Circus	21	St. Paul's Cathedral		
17	Covent Garden	22	Tower	26	Southwark Cathedral
18	Royal Opera House	23	Tower Bridge	27	Butler's Wharf
19	British Museum	24	Tate Modern		

Swiss Re Tower in der City of London

len Passanten unterhalten, die zwischen Ständen, Boutiquen, Cafés und Restaurants flanieren (www.coventgarden.london).

Großes Musiktheater geht im **Royal Opera House** 18 über die Bühne (www.roh.org.uk).

Zeugnisse beinahe aller Kulturen und Epochen präsentiert das **British**

SEITENBLICK

Shop 'til you drop!

Nördlich von Piccadilly Circus kreuzen sich **Regent Street** und **Oxford Street** (www.oxfordstreet.co.uk), Europas meist frequentierte Einkaufsstraßen. In der **Charing Cross Road** reiht sich ein Buchladen an den anderen. Die **Bond Street** ist berühmt für exklusive Designer-, Juwelier- und Antiquitätengeschäfte. In der **New Bond Street** findet sich das renommierte Auktionshaus Sotheby's (www.sothebys.com).

Museum 19 ⭐ in überwältigender Fülle. Allein die Sammlung alter ägyptischer und griechischer Kunstwerke ist weltberühmt. Ein weiteres Glanzlicht ist die moderne Architektur des Great Court (Museum tgl. 10–17.30 Uhr, Great Court Sa bis Do 9–18, Fr 9–20.30 Uhr, Eintritt frei, www.britishmuseum.org).

Die City of London

Kontraste zwischen Alt und Neu beherrschen das Bild der City (Ⓤ St. Paul's, Barbican oder Bank) mit engen Straßen und modernen Büro- und Verwaltungstürmen wie dem **Swiss Re Tower.** An die alte römische Stadtmauer grenzt das spannende **Museum of London** 20, das die Geschichte Londons lebendig werden lässt (tgl. 10–18 Uhr, Eintritt frei, www.museumoflondon.org.uk).

Ab 1675 widmete Christopher Wren sich 35 Jahre lang dem Bau der eindrucksvollen Londoner Hauptkirche, **St. Paul's Cathedral** 21 ⭐, deren mächtige Kuppel weithin im Stadtbild sichtbar ist. In der Whispering Gallery, einem ringförmigen Umgang von 34 m Durchmesser, reden viele im wahrsten Sinne des Wortes gegen die Wand, während auf der anderen Kuppelseite die Partner das Ohr anlegen: denn die Kuppel überträgt die Stimme glasklar! Von der äußeren Steingalerie hat man einen schönen Blick über London. Im Inneren der Kathedrale im Renaissancestil erstrahlen viel Gold und farbenprächtige Mosaiken (Mo–Sa 8.30–16.30 Uhr, £ 18, www.stpauls.co.uk).

Tower und Tower Bridge ⭐

1078 gab Wilhelm der Eroberer den Bau des **Tower** 🔲 (Ⓤ Tower Hill) in Auftrag, der über die Jahrhunderten mehrmals erweitert wurde. Viele prominente Adlige saßen in den Kerkern der Festung gefangen, und auf dem Tower Green fanden Hinrichtungen statt. **50 Dinge** ㉑ › S. 14.

Unschätzbar wertvoll sind die funkelnden Kronjuwelen des Königshauses, die im **Jewel House** besichtigt werden können (Di–Sa 9–17.30 Uhr, So/Mo 10–17.30 Uhr, £ 25, www.hrp.org.uk).

1894 wurde die imposante **Tower Bridge** 🔲 eingeweiht, deren technische Geheimnisse von der Erlebnisausstellung in den beiden Brückentürmen gelüftet werden (April–Sept. 10–17.30, Okt.–März 9.30–17 Uhr, £ 9, www.towerbridge.org.uk).

Am Südufer der Themse

Längst zum Wahrzeichen geworden ist das **London Eye** (Ⓤ Westminster Bridge) am südlichen Themseufer, mit 135 m Höhe das größte Aussichtsriesenrad der Welt. Die 30-minütige Fahrt bietet grandiose Blicke auf das Parlament und über die Stadt (tgl. 10–20.30, April–Juni So–Do bis 21, Fr/Sa bis 21.30, Juli/Aug. tgl. 10–21, Fr bis 23.30 Uhr, £ 24,95, www.londoneye.com).

Neben dem Infozentrum des London Eye beherbergt die mächtige, 1922 fertiggestellte **County Hall** auch das große **London Sea Life Aquarium** (Mo–Fr 10–19, Sa, So 9 bis 19 Uhr, £ 25,20, www2.visitsealife.com/london).

Östlich der Kulturpaläste des **Southbank Arts Centre** beherbergt das einstige, gekonnt umgebaute

Vom Londinium zum modernen London

Nachdem im Jahre 43 n. Chr. die Römer in Britannien einmarschiert waren, gründeten sie am Nordufer der Themse die Siedlung Londinium. In sächsischer Zeit verlor sie an Bedeutung, bis Alfred der Große die von den Wikingern zerstörte Stadt 884 wiederauf- und ausbauen ließ. Im 11. Jh. ließ Wilhelm der Eroberer hier den Tower erbauen. 70 000 Todesopfer forderte 1665 die Pest, ein Jahr später legte das Große Feuer vier Fünftel der Metropole in Schutt und Asche. Nach den Plänen Christopher Wrens wurden die St. Paul's Cathedral sowie 51 weitere Stadtkirchen neu errichtet. Im 18. Jh. ließen die Stadtväter die letzten Stadtmauern schleifen, damit sich London weiter ausbreiten konnte. Die große Weltausstellung im Crystal Palace führte 1851 der Welt den Reichtum und die imperiale Größe Großbritanniens vor. Zu dieser Zeit erreichte London bereits die Millionengrenze. Mit knapp 8,3 Mio. Menschen zählt London heute zu den größten Metropolen der Welt.

Und Londons Skyline verändert sich weiter: Die spektakulärsten Bauvorhaben der letzten Jahre waren The Shard (»Die Glasscheibe«, 310 m) von Renzo Piano, The Cheesegrater (»Die Käsereibe«, 225 m) von Richard Rogers und der Olympic Park im Stadtteil Stratford für die Olympischen Sommerspiele 2012.

Kraftwerk Bankside Power Station die **Tate Modern** 24 ⭐, wo die großartigen Sammlungen moderner Kunst der Tate Gallery auf spektakuläre Weise präsentiert werden (So–Do 10–18, Fr/Sa 10–22 Uhr, Eintritt frei, www.tate.org.uk).

Im originalgetreu wieder aufgebauten **Shakespeare's Globe Theatre** 25 kann man sehenswerte Vorstellungen sowie Führungen durch eine Ausstellung und das Theater erleben (Anmeldung zu Führungen: Tel. 020-79021400, www.shakespeares globe.com).

Westlich der London Bridge Station erhebt sich **Southwark Cathedral** 26 (www.southwark.anglican. org), die erste gotische Kirche Londons. Im Innern ehrt ein Denkmal William Shakespeare › **S. 39**.

Nach dem Umzug 2015 von **Butler's Wharf** 27 in die ehemaligen **Commonwealth Institutes** im Stadtteil Kensington zeigt das **Design Museum** seine Sammlung mit wegweisenden Alltagsgegenständen nun in neuen, großzügigeren Räumlichkeiten (tgl. 10–18 Uhr, £ 14, http://designmuseum.org)

Docklands und Greenwich

Vom Bahnhof Tower Gateway fährt die Docklands Light Railway bis nach Lewisham und durchquert dabei die Docklands. In dem einstigen Hafengebiet wurden futuristische Gebäude erbaut, in denen heute etliche Finanzunternehmen residieren. Hier ragt auch der 235 m hohe **Canary Wharf Tower** auf, ein Bürogebäude mit Shopping-Mall.

Steigt man an der Station Cutty Sark aus, ist man im idyllischen Greenwich, dessen Stadtteilkern zum UNESCO-Weltkulturerbe gehört. Am hiesigen Themseufer liegt der frisch restaurierte Tee-Clipper **Cutty Sark** 28 von 1869 im Trockendock (www.rmg.co.uk/cuttysark).

Etwas zurückversetzt leuchtet die helle Wasserfront des Gebäudekomplexes von **Royal Naval College**, **Queen's House** und **National Maritime Museum** 29. Hier lässt sich die Geschichte der Seefahrt bis ins 20. Jh. und Englands Weg zur Seemacht nachvollziehen. Im wunderschönen Greenwich Park erbaute Christopher Wren das **Royal Observatory** 30, durch dessen Hof der Nullmeridian verläuft. **50 Dinge** ② › **S. 12**. (Alle Gebäude tgl. 10 bis 17 Uhr, www.rmg.co.uk.)

Flughäfen

- **Heathrow,** 24 km westl., Tel. 0844-3351801, www.heathrow airport.com. Transfer: Heathrow Express alle 15 Min., 15 Min. bis Paddington Station, Tel. 0845-6001515, www.heath rowexpress.com. Ⓤ-Bahn Piccadilly Line, ca. 55 Min. ins Zentrum. Busse nach Victoria Station 55–70 Min.

- **Gatwick,** 45 km südl., Tel. 0844-3351802, www.gatwickairport.com. Transfer: Gatwick Express (Tel. 0844-8920322, www.gatwickexpress.com) und South Central Züge (www.natio nalrail.co.uk) in 30–40 Min. nach Victoria Station bzw. King's Cross. Thameslink-Züge in 60 Min. nach King's Cross. Bus zur Victoria Station 85 Min.

- **City Airport,** 10 km östl., Tel. 020-76460088, www.londoncityairport.

com. Transfer: Dockland Light Railway (DLR) nach Canary Wharf in 14 Min., nach Bank in 22 Min.
- **Luton**, 45 km nördl., Tel. 01582-405100, www.london-luton.co.uk. Transfer: Zug nach King's Cross/St. Pancras in 40 Min (www.national rail.co.uk), Greenline-Bus in 75 Min. nach Victoria Station.
- **Stansted**, 60 km nordöstl., Tel. 0844-3351803, www.stanstedairport.com. Transfer: Stansted Express alle 15 Min. in 45 Min. nach Liverpool Street Station (www.stanstedexpress.com). Buslinie A4 bzw. A6 in 100 Min. nach Victoria Station (www.nationalexpress.com).

Bahnverbindungen

Fernreisezüge in alle größeren Städte sowie Nahverkehrszüge (vorher den richtigen der acht Londoner Hauptbahnhöfe erfragen!), Tel. 08457-484950, www.nationalrail.co.uk

Busbahnhof

Knotenpunkt des Streckennetzes von **National Express** › S. 25 mit besten Verbindungen in alle Landesteile ab Victoria Coach Station, Buckingham Palace Rd., SW1, Fahrplanauskunft: Tel. 0871-7818181 (nur innerhalb GB).

Info

City of London Information Centre
Weitere Informationsbüros in den großen Bahnhöfen (z. B. St. Pancras), in Greenwich sowie an den Flughäfen Heathrow und Gatwick.
- St. Paul's Churchyard
  City of London
  London EC4M 8BX
  Tel. 020-73321456

Visit London bietet gegen Gebühr einen Reservierungsservice unter www.visitlondon.com an.

Informationen über Busse und U-Bahnen erteilt **London Transport**
- Tel. 0343-2221234
  www.tfl.gov.uk.

Hotels

Harlingford Hotel €€
Charmantes georgianisches Reihenhaus in Bloomsbury mit kleinen, aber modern möblierten Zimmern, zu denen steile Treppen führen.

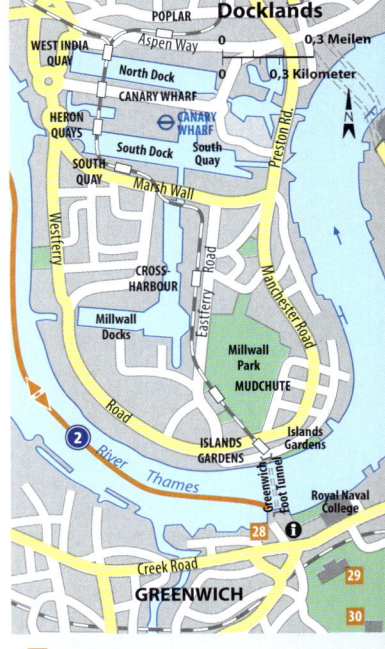

28 Cutty Sark
29 National Maritime Museum
30 Royal Observatory

- 61 Cartwright Gardens
  London WC1H 9EL
  Tel. 020-73871551
  www.harlingfordhotel.com

Grange Blooms Hotel €–€€
Klein, aber dafür 🛈 wirklich fein! Hier
pflegt man den Charme des 18. Jhs.

- 7 Montague Street | Russell Square
  London WC1B 5BP
  Tel. 020-73231717
  www.grangehotels.com

Generator €
Hostel in coolem Design, gar nicht so
weit vom British Museum gelegen.

- 37 Tavistock Place | London WC1H 9SE
  Tel. 020-73887666
  www.generatorhostels.com

Parkwood Hotel €
Schönes, ruhig gelegenes Stadthaus mit
guter Ausstattung und großen Zimmern.

- 4 Stanhope Place | Marble Arch
  London W2 2HB | Tel. 020-74022241
  www.parkwoodhotel.com

Uptown Reservations
Die Agentur vermittelt B&B-Häuser in
attraktiven Vierteln der Stadt.

- 8 Kelso Place | Kensington
  London W8 5QD | Tel. 01474-708701
  www.uptownres.co.uk

Restaurants

Angebote wie z. B. Meal Deal oder
Pre-Theatre Dinner machen das Speisen
in Top-Restaurants günstiger.

Veeraswamy €€€
Modern indisch speisen in Londons
ältestem indischem Restaurant mit
schönem Ambiente. Tgl.

- Victory House | 99 Regent Street
  (Eingang Swallow St) | Westend
  London W1B 4RS | Tel. 020-77341401
  www.veeraswamy.com

Hix €€–€€€
Saisonale, moderne britische Küche mit
Modern Art an den Wänden und cooler
Bar im Keller. Tgl.

- 66–70 Brewers Street | Soho
  London W1F 9UP | Tel. 020-72923518
  www.hixsoho.co.uk

Village East €€
Kleine Karte, großer Geschmack.
Vor allem gute Steak-Variationen. Tgl.

- 171–173 Bermondsey Street
  Southwark | London SE1 3UW
  Tel. 020-73576082
  www.villageeast.co.uk

YMing €€
Vielfach gelobte, moderne nordchine-
sische Küche. So Ruhetag.

- 35–36 Greek Street | Soho
  London W1D 5DL | Tel. 020-77342721
  www.yming.co.uk

Hard Rock Cafe €–€€
Steaks, Burger und Salate in Europas
erstem Hard Rock Café. Tgl.

- 150 Old Park Lane | Westminster
  London W1K 1QZ | Tel. 020-75141700
  www.hardrock.com

Masala Zone €
Schnell und in der Aufmachung wie
Fastfood, aber wirklich gute indische
Küche und freundliches Ambiente.
Fünf Filialen, alle tgl. geöffnet

- 9 Marshall Street | Soho
  London W1F 7ER | Tel. 020-72879966
  www.masalazone.com/locations/soho

Die Lieblingsresidenz der Queen: Windsor Castle an der Themse

Pubs

The George Inn €
Traditionell und gemütlich; im Sommer kann man im Garten draußen sitzen.

• 77 Borough High Street | Southwark London SE1 1NH | Tel. 020-74072056 www.george-southwark.co.uk

Ye Olde Cheshire Cheese €
Der legendäre uralte Pub ist eine Sehenswürdigkeit. So geschl.

• Fleet Street | City | London EC4A 2BU Tel. 020-77021628 www.cheshirecheeselondon.co.uk

Shopping

Für Flohmarktfans hat London viel zu bieten: z. B. den ❗ Portobello Road Market (Markt Mo–Mi 9–18, Do bis 13, Fr, Sa bis 19 Uhr, Shops 6 Tage die Woche, www.portobelloroad.co.uk), den **Petticoat Lane Market** (zwischen Middlesex und Goulston Streets, Spitalfields, So 9–14 Uhr) und den **Camden Market** (tgl. ab 10 Uhr, www.camden market.com). **50 Dinge** ⑭ › S. 13.

Ausflug nach Windsor Castle ★ [E5]

Die Residenz der königlichen Familie überragt das gleichnamige sympathische Örtchen ca. 35 km westlich von London.

In der überaus imposanten mittelalterlichen Festung, die 1820 ihre heutige Form erhielt, gehören die prachtvollen State Apartments mit erlesenem Mobiliar, kostbaren Gemälden – etwa von Rembrandt, Canaletto, Rubens und Gainsborough – und Waffensammlungen zu den herausragenden Attraktionen. Ein perfektes Beispiel englischer Gotik liefert die St. George's Chapel (März–Okt. tgl. 9.30–17.30, Nov.–Feb. 9.45–16.15 Uhr, letzter Einlass jeweils 75 Min. früher, £ 20, www.royalcollection.org.uk, www.windsor.gov.uk; Zugverbindungen bestehen ab Paddington und Waterloo Station.)

SÜDENGLAND

Kleine Inspiration

- **Fossilien sammeln** an der Jurassic Coast › S. 64
- **Die Welt der berühmten Vanessa Bell** im Charleston Farmhouse entdecken › S. 69
- **An der Küste entlang** zur Südwestspitze der Isle of Wight wandern und die drei »Needles« entdecken › S. 73
- **Im Garten von Great Dixter** auf den Spuren von Christopher Lloyd wandeln › S. 76
- **Eine Theateraufführung** im Minack Theatre direkt über dem Meer genießen › S. 88
- **Einmal wie die alten Römer** in Bath baden › S. 93

London

Von lieblichen Kulturlandschaften über wilde Küsten und verwunschene Moore bis zu grandiosen Kathedralen und kunstvoll gestalteten Gärten bietet Südengland viele Reize und Landschaftsformen.

Zwischen Kent im Osten und Cornwall im Westen findet man weiße Klippen, atemberaubende Küstenabschnitte wie die Jurassic Coast, lange Sandstrände, traditionsreiche Seebäder wie Brighton oder Weymouth, pulsierende Hafenstädte wie Plymouth oder Bristol und verträumte Fischer- und Schmugglerdörfer wie Clovelly oder Fowey.

Im Landesinnern liegen die herrlichen Altstädte von Bath und Canterbury, dazu die Gärten Stourhead und Sissinghurst, umgeben von Obstplantagen und Hopfenfeldern,

sowie Nationalparks wie Dartmoor oder Exmoor – all dies bestückt mit trutzigen Burgen, gediegenen Herrenhäusern und abgeschiedenen Cottages. Stolz ragen die Kathedralen von Salisbury und Wells empor, während die Steinkreise von Stonehenge und Avebury bis heute ihr Geheimnis hüten. Auch Spuren von Persönlichkeiten wie Francis Drake, Charles Dickens und Virginia Woolf sind hier zu finden – ebenso wie die lokalen Köstlichkeiten Cream Tea, Cider und Cheddar-Käse, die den Gaumen verwöhnen.

Touren in der Region

Tour 4 Mystisches Wiltshire

Route: Salisbury › Old Sarum › Stonehenge › Avebury

Karte: Seite 62
Dauer: 1–2 Tage
Praktische Hinweise:
• Öffnungszeiten Old Sarum: tgl. 10 bis 16, April–Juni, Sept. 10–17, Juli/ Aug. 9–18 Uhr. Busse ab Salisbury.

Blick auf den King Arthur's Felsen in Tintagel, Cornwall

Tour-Start:

Kurz an Kilometern, doch reich an Eindrücken ist diese Tour. Sie beginnt in **Salisbury** 18 › S. 74 mit seiner herrlichen Kathedrale. Das große Plus ihres Standorts: Sie liegt an fünf Flüssen. Ihr Vorgängerbau befand sich nur wenige Kilometer entfernt in **Old Sarum,** das schon für Kelten, Römer und Angelsachsen ein wichtiger Ort war, bevor die Normannen dort 1092 eine erste Kathedrale erbauten. Doch bald schon begann die Stadt aus den Nähten zu platzen, und Wasser war mühsam zu beschaffen. So beschloss der Bischof den Neubau eben jener Kathedrale von Salisbury. Die Bewohner Old Sarums zogen hinterher, die alte Stadt verfiel. Der Hügel sowie die Umrisse der Burg und der alten Kathedrale sind noch erkennbar. Nicht weit entfernt steht der magische Steinkreis von **Stonehenge** `19` › **S. 75**, bis heute Symbol für die Mysterien einer unergründlichen Epoche. Weniger bekannt ist der jungsteinzeitliche Steinkreis bei dem Dorf **Avebury** `20` › **S. 75**, etwa 50 km weiter nördlich. Den Abschluss der Tour bildet Europas höchster prähistorischer künstlicher Hügel, der **Silbury Hill** › **S. 75**. Seine Funktion? Spekulieren Sie selbst …

Auf Dickens' Spuren

Tour 5

Route: Rochester › Chatham › Broadstairs

Karte: Seite 62
Dauer: 1–2 Tage
Praktische Hinweise:
- Im Mai/Juni Dickens-Parade in Rochester und Broadstairs.
- Nicht vergessen: Ein Buch von Charles Dickens mitnehmen.

Tour-Start:

Charles Dickens (1812–1870) – nicht nur berühmt für »Oliver Twist« – verbrachte in Englands östlichster Grafschaft Kent große Teile seines Lebens. In einer Ausstellung in **Rochester** `5` › **S. 67** und in einem Themenpark in **Chatham** `4` › **S. 67** kann man sich ihm und seinem Werk auf unterhaltsame Weise nähern. Im Seebad **Broadstairs** `3` › **S. 67** an Kents Nordostküste schrieb der Dichter den autobiografischen Roman »David Copperfield«, das Haus kann man besuchen. Und danach trifft Sie die

Unterwegs in Südengland

Tour `4`

Mystisches Wiltshire

Salisbury › Old Sarum › Stonehenge › Avebury

Tour `5`

Auf Dickens' Spuren

Rochester › Chatham › Broadstairs

Qual der Wahl: Welcher der sieben Sandstrände der Umgebung ist am besten zum Schmökern geeignet?

 Wildromantischer Südwesten

Route: Exeter › Torquay › Plymouth › St. Michael's Mount › Land's End › St. Ives › Tintagel › Bristol › Bath

Karte: Seite 82
Dauer: 6–8 Tage
Praktische Hinweise:
- Mit dem Auto ist man flexibel, alle Orte sind aber auch per Bus zu erreichen (www.traveline.info).
- Praktisch ist der Service *Book a bed ahead* › S. 30. Für jede Station (außer Tintagel) ist rund ein Tag einzuplanen – für Bath durchaus auch länger.

Tour-Start:

Mit ihren malerischen Dörfern, rauen Klippen und wild-romantischen Stränden gehören die Grafschaften Devon und Cornwall zu den bekanntesten und beliebtesten Urlaubsregionen Großbritanniens.

Die Universitätsstadt **Exeter** 29 › S. 80 mit ihrer Kathedrale ist ein guter Startpunkt für die abwechslungsreiche Tour durch die Region. In **Torquay** 30 › S. 80 erreichen Sie die Englische Riviera und in **Plymouth** 33 › S. 85 wird die englische Seefahrertradition lebendig.

Ein deutlicher Hauch von Bretagne atmet am **St. Michael's Mount** 37 › S. 87. Das Kloster liegt auf einer kleinen Insel, bei Ebbe erreichen Sie es über einen Damm zu Fuß. Ungleich touristischer präsentiert sich **Land's End** 41 › S. 88 mit seinen Themenparks. Doch kann man ihnen entfliehen: Denn den Reiz dort machen die schroffen Klippen aus, die zum Wandern ein-

laden. In **St. Ives** `42` › **S. 88** stehen die Künstler und ihr Werk im Blickpunkt: Seit Jahrhunderten lassen sich Maler von den außergewöhnlichen Lichtstimmungen an dieser Küste inspirieren. Weiter nördlich locken die Ruinen von **Tintagel** `43` › **S. 89,** wo der sagenumwobene König Artus geboren sein soll.

Die westenglische Universitätsstadt **Bristol** `48` › **S. 91** wird hingegen vom River Avon und dem Hafen geprägt. Endpunkt der Tour ist mit **Bath** `49` › **S. 93** eine der schönsten Städte Englands.

Blühendes Dartmoor

Route: Exeter › **Moretonhampstead** › **Postbridge** › **Two Bridges** › **Princetown** › **Buckland's Abbey** › **Lydford** › **Okehampton** › **Castle Drogo** › **Exeter**

Karte: Seite 82
Dauer: 2–3 Tage
Praktische Hinweise:
- Diese Tour ist so nur mit dem Auto zu machen. Einige Busrouten führen aber durch das Dartmoor – z. B. der DevonBus Nr. 82 Exeter – Plymouth (www.firstgroup.com).
- Die Lydford-Schlucht kostet Eintritt und hat Öffnungszeiten.

Tour-Start:

August und September sind im Dartmoor am schönsten: dann blüht die Heide und verwandelt das Moor in einen purpurnen Teppich.

Von **Exeter** `29` › **S. 80** geht es in den alten Ort **Moretonhampstead** `32` › **S. 83,** der einst von Wolle lebte, sich jetzt aber auf den Tourismus eingestellt hat. Vielleicht bietet sich ein Abstecher zu den **Becky Falls** › **S. 84** an? Dann durchkreuzen Sie den Park, vorbei an **Postbridge** › **S. 84** und **Two Bridges,** in dessen Umgebung sich bei Laughter Tor ein 2,4 m hoher Menhir und zwei doppelte Steinreihen aus der Jungsteinzeit erheben. Die **Buckland Abbey** › **S. 84** steht ganz im Zeichen von Sir Francis Drake, und bei **Lydford** › **S. 85** gibt's eine eindrucksvolle Schlucht zu durchwandern. In **Okehampton** › **S. 85** zeigt ein Museum die Lebensbedingungen im Dartmoor anno dazumal. Vor der Rückkehr nach Exeter bietet sich noch ein Blick ins **Castle Drogo** › **S. 84** mit seinem schönen Interieur an.

Die Jurassic Coast

Route: Weymouth › **Abbotsbury** › **West Bay** › **Charmouth** › **Lyme Regis** › **Sidmouth**

Karte: Seite 82
Dauer: 6 Tage
Praktische Hinweise:
- An dieser Küste verläuft ein Teil des »South West Coast Path« (www.southwestcoastpath.com). Sie können die Tour ganz abwandern oder auch auf den Küstenbus Coastline X53 zurückgreifen (www.traveline.info, www.jurassiccoast.org).

- Die Unterkunft sollte man im Voraus buchen.
- Entfernungen: Weymouth › Abbotsbury (17 km) › West Bay (13 km) › Charmouth (13 km) › Lyme Regis (5 km) › Sidmouth (25 km)

Tour-Start:

Diese Landschaft ist einfach spektakulär. Mit ihren roten, eisenhaltigen Klippen gehört die 160 km lange Jurassic Coast zum UNESCO-Weltnaturerbe. Zusätzlich spannend ist an diesem Küstenabschnitt: Man kann mit etwas Glück Fossilien finden! Die Chancen stehen besonders gut nach einem kräftigen Sturm.

Startpunkt der Wanderung ist das beliebte Seebad **Weymouth** 24 › S. 78. Es genießt den Schutz von **Chesil Beach** › S. 79, einer vorgelagerten, dünenhohen Kieselbank, die durch die Fleet Lagune vom Festland getrennt wird. Etwas ins Hinterland zurückversetzt liegt das liebenswerte Dörfchen **Abbotsbury** 25 › S. 78 mit seiner Swannery und dem suptropischen Garten. Beim ruhigen Seebad **West Bay** 26 › S. 79 erreichen Sie wieder die Küste.

Lebhaft geht es in der letzten Station, **Lyme Regis** 27 › S. 79, zu. Hier und im benachbarten **Charmouth** haben Sie auf Ihrer Fossiliensuche entlang der Jurassic Coast die größten Aussichten auf einen Fund.

Unterwegs in Südengland

Dover 1 [F6]

Die weißen Klippen von Dover (43 000 Einw.) gelten seit Jahrhunderten als weithin sichtbares Wahrzeichen am Ärmelkanal. Der westliche Kreidefelsen heißt Shakespeare's Cliff, denn hier spielt eine Szene aus dem Drama »König Lear«. Auf der östlichen Klippe thront das normannische **Dover Castle** (Nov. bis März Sa/So 10–16, April–Juni, Sept. tgl 10–18, Juli/Aug. tgl. 9.30–18, Okt./Nov. 10–17 Uhr, £ 18,30).

Um 200 v. Chr. errichtet wurde das **Roman Painted House,** ein teilweise freigelegtes römisches Stadthaus mit gut erhaltenen Mosaiken (New Street).

Einer der Kreidefelsen von Dover

Canterbury **2** ⭐ [F5]

Die herausragende Attraktion der reizvollen Stadt (44 000 Einw.) ist die frühgotische **Kathedrale** aus dem 15. Jh. (Sommer tgl. 9–17.30, Winter 9–17; ganzjährig So 12.30 bis 14.30 Uhr, www.canterbury-cathedral.org). Etwa 300 Jahre früher entstand die große normannische Krypta, der älteste Teil des Gotteshauses.

Eine Gedenktafel im nordwestlichen Querschiff bezeichnet die Stelle, wo 1170 Erzbischof Thomas Becket seinen gewaltsamen Tod fand. Er hatte sich den Anordnungen von König Heinrich II. widersetzt. Schergen nahmen dessen Wutausbruch wörtlich und erschlugen den Kirchenvater. Bald nach Beckets Heiligsprechung strömten Pilgerscharen zum Schrein des Erzbischofs. Diese Wallfahrten leben in der Multimedia-Ausstellung **The Canterbury Tales** wieder auf (tgl. ab 10, Juli/Aug. ab 9.30 Uhr, St. Margaret's St., Canterbury CT1 2TG, www.canterburytales.org.uk).

Von der Domfreiheit leitet dass prachtvolle **Christ Church Gate** auf die High Street, wo die Queen Elizabeth Guest Chamber, ein schönes Fachwerkhaus aus dem 16. Jh., die Blicke auf sich zieht.

In westlicher Richtung geht es über den River Stour, an dessen Ufer hugenottische Leinenweber die hübschen Tudor-Fachwerkhäuser **The Weavers** bewohnten.

Gegenüber sind die 800 Jahre alten Gewölbe der Pilgerherberge **Pilgrim's Hospital of St. Thomas** zu besichtigen (Sommer Mo–Sa 10.30 bis 17, Winter Mo–Sa 11–16 Uhr, www.eastbridgehospital.org.uk).

Hier zweigt die Stour Street ab, in der das **Canterbury Heritage Museum** die Stadtgeschichte dokumentiert (Mi–So 10–17 Uhr, im Herbst/Winter z. T. geschl., www.canterbury-museums.co.uk).

Info

Canterbury Visitor Centre
- 18 High Street | Canterbury CT1 2RA
  Tel. 01227-862162
  www.canterbury.co.uk

Hotels

Ebury Hotel €–€€
Gemütliches, familiengeführtes Hotel mit Restaurant und Pool.
- 65–67 New Dover Road
  Canterbury CT1 3DX
  Tel. 01227-768433
  www.ebury-hotel.co.uk

The Harriet House €–€€
Familiengeführtes Haus direkt am Fluss, unweit der Sehenswürdigkeiten.
- 3 Broad Oak Road
  Canterbury CT2 7PL
  Tel. 01227-457363
  www.harriethouse.co.uk

Restaurant

The Goods Shed €€
Solide britische Küche mit mediterranem Einfluss in einem **!** viktorianischen Eisenbahngebäude mit Markt.
Di–Sa 8–21.30, So 9–15 Uhr.
- Station Road West
  Canterbury CT2 8AN
  Tel. 01227-459153
  https://thegoodsshed.co.uk

Broadstairs 3 [F5]

Das gediegene und attraktive See-bad mit seinen insgesamt sieben schönen Sandstränden steht ganz im Zeichen von Charles Dickens, der hier zwischen 1837 und 1859 regelmäßig zu Gast war. In **Bleak House,** heute ein Hotel, verfasste der Schriftsteller seinen Roman »David Copperfield«. Zu Ehren des großen Literaten wird alljährlich im Juni das **Dickens Festival** (www.broad stairsdickensfestival.co.uk) veran-staltet. Höhepunkt ist eine bunte Parade mit Figuren aus Dickens' Romanen und Teilnehmern in vik-torianischen Kostümen. Unterhal-tung bietet die ganze Saison über ein breites Eventprogramm.

Hotel

Merriland €

Kleines, familiengeführtes B & B mit Frühstück und Dinner. In Strandnähe; besonders familienfreundlich.

• The Vale
Broadstairs CT10 1 RB
Tel./Fax 01843-861064
www.merriland.co.uk

Chatham 4 [E5]

Die **Historic Dockyard** in Chatham (70 000 Einw.) gelten als die welt-weit ältesten Werftanlagen für Se-gelschiffe (www.thedockyard.co.uk). In den Docks arbeitete auch der Vater von Charles Dickens, der in den Straßen The Brook und Ord-nance Terrace aufwuchs. Der Literat selbst bekam mit dem Themenpark **Dickens World** (www.dickensworld.

Blick zur Decke in der Canterbury Cathedral

co.uk) ein ganz besonderes Denk-mal: Mit modernster Technik wer-den die Besucher in die Zeit um 1850 zurückversetzt. Der Nachbau eines viktorianischen Platzes sowie eine Bootstour durch das London von Charles Dickens gehören zu den Hauptattraktionen.

Rochester 5 [E5]

Am Mündungsarm des Flusses Medway in den Ärmelkanal gele-gen, ist Rochester (24 000 Einw.) für drei Dinge bekannt: Die Kathe-drale, **Rochester Castle** und Charles Dickens. Die **Kathedrale** besticht durch ihre romanische Westfassade und über 800 Jahre alte Fresken (tgl. 7.30–18, Sa bis 17 Uhr). Die gewal-tige normannische Burg geht zu-rück bis in das Jahr 1077. Charles Dickens verbrachte seine letzten 13 Lebensjahre bis zu seinem Tod 1870 in Rochester. Im **Dickens Discovery Room** im **Guildhall Museum** wird des Lebens und Werkes des Schriftstel-lers gedacht. Ende Mai/Anfang Juni steigt immer das **Dickens Festival** mit einem täglichen Kostümumzug durch die Straßen der Stadt (www.rochesterdickensfestival.org.uk).

Hotel

Riverview Lodge €
Kleines, familiäres Gästehaus in fußläufiger Entfernung zum historischen Stadtkern.

• 88 Borstal Rd.
  Rochester ME1 3BD
  Tel. 01634-842241

Leeds Castle 6 [E5]

Das geschichtsträchtige Wasserschloss bei Maidstone diente zunächst als normannische Festung, dann als Wohnsitz von sechs mittelalterlichen Königinnen, als Palast Heinrichs VIII. sowie als Gefängnis für französische und holländische Kriegsgefangene. Filmisch in Szene gesetzt wurde das malerische Schloss am River Len 1949 für den Klassiker »Adel verpflichtet«. Im

Leeds Castle ist eine Bilderbuchburg

schönen Park erklingen regelmäßig Open-Air-Konzerte. Auf dem Areal ist auch das ungewöhnliche Hundehalsbandmuseum, **Dog Collar Museum,** angesiedelt (Gärten tgl. 10 bis 18, Okt–März bis 17 Uhr, Castle tgl. 10.30–16 Uhr, £ 24,50, www.leeds-castle.com).

Hotel

Marriott Tudor Park €–€€
Golf- und Tagungshotel in einem großen Park unweit von Maidstone.

• Ashford Road | Bearsted
  Maidstone ME14 4NQ
  Tel. 0162-2734334
  www.marriotttudorpark.co.uk

Sissinghurst 7 [E6]

Vom originalen elisabethanischen Schloss (15. Jh.) ist nur wenig erhalten, doch dieses Wenige wirkt märchenhaft: Hinter dem langen, von üppigen Rosenbüschen umrahmten Torgebäude erhebt sich ein (Wohn-) Turm aus roten Ziegeln. Dahinter erstrecken sich die paradiesischen Gärten mit dem Rosengarten, dem Cottage Garden, dem weißen Garten und dem Obstgarten.

1930 erwarben Schriftstellerin Vita Sackville-West und ihr Ehemann Sir Harold Nicolson das verwahrloste Anwesen. Vita, die intime Bande u. a. zu Virginia Woolf › **S. 70** unterhielt, legte eine der schönsten Gartenanlagen Englands an (Mitte März–Okt. Fr–Di 11–17.30 Uhr, Sissinghurst Garden, Biddenden Road, Cranbrook TN17 2AB, Tel. 01580-710700, www.nationaltrust.org.uk/sissinghurst-castle-garden).

Rye 8 [F6]

Das historische Städtchen (4600 Einw.) präsentiert sich mit engen Straßen, Blumen und Efeu schmücken die Fachwerkhäuser. Eines der schönsten Häuser in der katzenkopfgepflasterten **Mermaid Street** ist der Pub »Mermaid Inn«, dessen Geschichte bis 1420 zurückreicht. Auch die steingepflasterte **West Street** säumen schöne alte Häuser, und im **Rye Castle Museum** wird die einstige Bedeutung Ryes als (Kriegs-)Hafen hervorgehoben.

Hotel

Mermaid Inn €€€

❗ Traumschöne Zimmer und edles Restaurant (tgl.) in einem der ältesten Inns des Landes.

• Mermaid Street | Rye TN31 7EY
Tel. 01797-223065
www.mermaidinn.com

Restaurant

Webbe's at the Fish Cafe €€

Restaurant im Brasseriestil mit Showküche. Spezialität sind Fischgerichte. Tgl.

• 17 Tower Str. | Rye TN31 7AT
Tel. 01797-222226
www.webbesrestaurants.co.uk

Winchelsea 9 [F6]

Die kleinste Stadt Englands (600 Einw.) war im 11. und 12. Jh. ein blühender Hafen, den 1287 eine geradezu apokalyptische Flut verschlang. Eduard I. sorgte für einen städtebaulichen Neuanfang und ließ ein rechtwinkliges Straßenraster anlegen, in das elegante georgia-

nische Häuser eingepasst wurden. Dann versandete der Hafen, die **St. Thomas Church** blieb unvollendet.

Hastings 10 [E6]

An der Seeseite der Altstadt im Osten der Stadt (90 000 Einw.) reihen sich Fischerboote am Kieselstrand aneinander. Hier informieren das **Fishermen's Museum,** das **Shipwreck Heritage Centre** und das **Blue Reef Aquarium** über alles, was mit dem Meer zu tun hat. Per Kabinenbahn kommt man zu den normannischen Ruinen von **Hastings Castle** auf dem West Hill, wo eine audiovisuelle Show die »Story of 1066« erzählt: Dort, wo der Vergnügungspier ins Meer ragt, landete 1066 Wilhelm der Eroberer. Beim heutigen Örtchen **Battle** weiter nördlich siegten die Normannen. Wilhelm ließ auf dem Schlachtfeld eine Abtei errichten, die **Battle Abbey.** In den Reformationswirren wurde sie zerstört, doch auch die Ruinen sind eindrucksvoll.

Info

Alle historischen, maritimen und anderen Attraktionen in und um Hastings:
www.visit1066country.com

Charleston Farmhouse 11 ★ [E6]

Nordwestlich des Seebades Eastbourne liegt das kleine Farmhaus, in dem die Schwester von Virginia Woolf, die Malerin Vanessa Bell, mit ihrem Lebensgefährten Duncan

Grant wohnte. Anfang des 20. Jhs. traf sich hier die intellektuelle Elite Englands: Virginia und Leonard Woolf, T. S. Eliot, E. M. Forster, Aldous Huxley, der Philosoph Bertrand Russell und der Komponist Benjamin Britten › **S. 103**.

Einzigartig ist das Cottage durch die bunten Malereien von Vanessa und Duncan auf den Möbeln (März bis Oktober Mi–Sa 12–17, Juli/Aug. 11.30–17.30, So/Fei 12–17 Uhr, letzter Einlass 16.30 Uhr, Besuch nur mit Führung, www.charleston. org.uk).

Monk's House 12 [E6]

In Rodmell steht das Cottage von Virginia und Leonard Woolf. Wenn Virginia in Depressionen verfiel, brachte Leonard sie in die Stille dieses verschlafenen Dorfes. Nach ihrem Selbstmord verteilte er Virginias Asche unter zwei Ulmen im Garten, die das Paar »Leonard und Virginia« genannt hatten. Die Räume zeigen Exponate über die Zeit und die Freunde der Woolfs (Haus Mi–So 13–17, Garten 12.30 bis 17.30 Uhr, www.nationaltrust.org. uk/monks-house).

Brighton 13 [E6]

Das wohl berühmtestes Seebad England (Brighton-Hove 275 000 Einw.) hat außer kilometerlangen Stränden und dem **Palace Pier,** der Vergnügungsmeile über dem Meer, auch die teuerste und größte *folly* – eine architektonische Verrücktheit – des ganzen Landes vorzuweisen: den **Royal Pavilion.**

Virginia Woolf

Am 25.1.1882 wurde Virginia als drittes Kind der Familie Stephen in London geboren. Als ihre Mutter 1895 starb, erlitt Virginia einen ersten schweren depressiven Anfall. Ein noch schlimmerer psychischer Zusammenbruch folgte nach dem Tod ihres Vaters im Jahr 1904.

Die vier Kinder zogen zusammen in das Londoner Stadtviertel Bloomsbury. Ihr Haushalt wurde zum Treffpunkt junger Intellektueller; die Gruppe sollte später unter dem Namen »Bloomsbury Group« in die Literaturgeschichte eingehen. Virginia begann zu schreiben, heiratete 1912 Leonard Woolf, litt aber immer wieder unter Depressionen und Wahnvorstellungen. 1915 erschien ihr erster Roman »Die Fahrt hinaus«. Zwei Jahre später kauften die Woolfs eine Druckerpresse und gründeten ihren Verlag, Hogarth Press. Virginia betätigte sich als Setzerin, schrieb aber auch weiter. 1919 erschien der Roman »Nacht und Tag«, 1923 »Jacobs Raum«.

Virginia kränkelte zwar häufig, doch dank Leonards Umsicht blieb ihr psychischer Zustand einigermaßen stabil. Mit Beginn des Zweiten Weltkriegs übersiedelten die Woolfs von London in ihr Häuschen in Rodmell. Virginias Zustand verschlechterte sich rapide. Am 28.3.1941 schrieb sie ihrem Mann einen innigen Abschiedsbrief, ging zum River Ouse und starb in den Fluten.

Der extravagante Prinzregent und spätere König Georg IV. ließ seine schlichte Villa 1815–1822 von John Nash in einen üppigen indisch-islamischen Mogulpalast umbauen und innen so prachtvoll chinesisch inspiriert einrichten, dass es schon beinahe erdrückt (April bis Sept. 9.30–17.45, Okt.–März tgl. 10 bis 17.15 Uhr, www.brighton-hoverpml.org.uk).

Dabei ist Brighton eine liebenswerte Stadt mit Regency-Architektur, Straßencafés und einer lebendigen Kunstszene. An den Pavillon schließt sich die Altstadt Brightons an mit den autofreien Straßen **The Lanes** und den bohemischen **North Lane** mit Geschäften und gemütlichen Pubs.

Neueste Landmarke der Stadt ist der Aussichtsturm **British Airways i360**. Mit einer Breite von weniger als 4 m bei einer Höhe von 173,45 m gilt das im August 2016 eröffnete Bauwerk mit einem Höhen-Breiten-Verhältnis von 41,15 : 1 als »schlankster« Turm der Welt und verfügt zugleich über den weltweit höchsten Aussichtsturm mit beweglicher Aussichtskanzel in 138 m Höhe (http://britishairwaysi360.com).

Alljährlich im Mai findet das **Brighton Festival** statt, das größte Kultur- und Musikfestival Englands mit über 500 Veranstaltungen und Programmpunkten (www.brightonfestival.org).

Royal Pavilion in Brighton

4–5 Pavilion Buildings
Brighton BN1 1EE
Tel. 01273-290337
www.visitbrighton.com

Info

Visitor Information Centre
• Royal Pavilion Shop
  Royal Pavilion

Hotel

Cavalaire Hotel €€–€€€
In dem gemütlichen viktorianischen Haus von 1388 stehen sowohl Standard- als auch Luxuszimmer zur Verfügung.
• 34 Upper Rock Gardens
  Brighton BN2 1QF
  Tel. 01273-696899
  www.cavalaire.co.uk

Restaurants

English's of Brighton €€
Etabliertes Fischrestaurant inmitten der Altstadt – nicht nur für die Kombination aus Austern und Champagner beliebt.
• 29–31 East Street
  Brighton BN1 1HL
  Tel. 01273-327980
  www.englishs.co.uk

Food for Friends €–€€
Über die Stadt hinaus bekanntes vegetarisches Restaurant.
• 17–18 Prince Albert Street
Brighton BN1 1HF | Tel. 01273-202310
www.foodforfriends.com

Chichester 14 [E6]

Die Stadt (27 000 Einw.) geht auf eine Gründung der Römer zurück, die die systematische Gliederung mit den vier Hauptstraßen anlegten. An deren Schnittpunkt steht seit 1501 **Market Cross,** das wohl schönste mittelalterliche Marktkreuz Englands. Über die North Street erreicht man das **Chichester Festival Theatre** im Oakland Park. Zwischen Mai und Sept. finden hier Festspiele mit anerkannt guten Shakespeare-Aufführungen statt.

Beherrschend im Stadtbild ist jedoch die **Kathedrale,** mit deren Errichtung 1091 im normannischen Stil begonnen wurde. Restaurierungen im 12. Jh. führten die Baumeister dann im *Early English Style* aus.

Ein Fenster an der nördlichen Seite des Retrochors hinter dem Altarraum entwarf Marc Chagall (Mo bis Sa 7.15–18.30, So bis 17 Uhr, Eintritt frei, www.chichestercathedral.org.uk).

Portsmouth 15 [D6]

Im **Historic Dockyard** am Hafen bleibt die glorreiche maritime Vergangenheit Englands lebendig. Portsmouth (205 000 Einw.) war über Jahrhunderte Hauptquartier der Kriegsflotte. Schon 1194 entstand hier das erste Dock. Das Wrack der **Mary Rose,** einst Flaggschiff Heinrichs VIII., das 1545 gesunken und 1982 geborgen wurde, darf in seinem 2012 fertiggestellten Museum austrocknen. Die stolze **H. M. S. Victory,** mit der im Jahr 1805 Lord Nelson die Franzosen in der Schlacht von Trafalgar schlug, könnte dagegen noch in See stechen (tgl. 10–18, Nov.–März bis 17.30 Uhr, £ 26, www.historicdockyard.co.uk).

Vom neuen Wahrzeichen von Portsmouth, dem 170 m hohen **Spinnaker Tower,** dessen Form an ein Spinnaker-Segel erinnert, bietet sich ein herrlicher Blick auf Hafen und Stadt (tgl. 10–17.30, Aug. So bis Do 9.30–18, Fr/Sa 9.30–17.30 Uhr, www.spinnakertower.co.uk).

Im Seebad Southsea, das mit Portsmouth zusammengewachsen ist, dokumentiert das **D-Day-Museum** die Invasion der Alliierten 1944 an der Normandieküste (Clarence Esplanade, tgl. 10–17.30, Okt. bis März bis 17 Uhr, www.ddaymuseum.co.uk).

In **Charles Dickens' Birthplace** erinnert ein Museum an den Schriftsteller, der 1812 in Portsmouth geboren wurde (393 Old Commercial Road, April–Sept. 10 bis 17.30 Uhr, www.charlesdickensbirthplace.co.uk).

Info
Visitor Information Service
• Clarence Esplanade
Southsea
Portsmouth PO5 3PB
Tel. 023-92826722
www.visitportsmouth.co.uk

Der Sohn Queen Victorias schenkte Osborne House dem Staat

Isle of Wight 16 [D6]

Von Portsmouth Harbour steuern
Fähren und Tragflügelboote **Ryde**
auf der Isle of Wight an. Einige Kilometer südlich begeistert die Fern-
sicht von den **Culver Cliffs.** Schöne
Fachwerkhäuser prägen das Old Village von **Shanklin.** Shanklin Chine,
eine dicht bewaldete Klamm, ist ein
Refugium für seltene Pflanzen und
Insekten. **Godshill** im Inselinnern
zieht mit seinen reetgedeckten Cottages, Teestuben und Pubs viele Besucher an. Von Newport aus lohnt
sich ein Abstecher zur Normannen-
burg **Carisbrooke Castle** (Nov–März
Sa/So 10–16, April–Sep. tgl. 10–18,
Okt./Nov. tgl. 10–17 Uhr).

Landschaftlich außerordentlich
schön ist die Südwestspitze der Insel
mit ihren weißen Kreideklippen
und den **Needles,** den drei spitzen
Felssplittern im Meer.

In Cowes an der Nordküste ließ
Prinz Albert mit dem prächtigen
Osborne House eine Inselresidenz
für Königin Viktoria errichten
(April–Sept. tgl. 10–18, Okt. tgl.
10–17, Nov./Dez. nur Mi–So, Jan.
bis März nur Sa/So).

Info

Isle of Wight Tourism
• Visit Isle of Wight LTD | The Museum
of Island History and Visitor Centre
Guildhall | High Street | Newport
Isle of Wight P030 1TY
Tel. 01983-521555
www.visitisleofwight.co.uk

Hotel

Yelf's Hotel €€
Unweit der Strände von Ryde und App-
ley wartet das Drei-Sterne-Hotel mit der
charmanten Atmosphäre eines 200 Jahre alten Coaching Inns auf.
• Union Street | Ryde
Isle of Wight PO33 2LG
Tel. 01983-564062
www.yelfshotel.com

Winchester 17 ⭐ [D6]

Schon zu Römerzeiten war Winchester (40 000 Einw.) eine große Stadt,
König Alfred der Große erhob sie
im 9. Jh. zur Hauptstadt des Könige-

reichs Wessex. Damals arbeiteten die Baumeister an der **Kathedrale,** deren weitere Ausgestaltung die Normannen in die Hand nahmen. Ab dem 12. Jh. wurde im *Early English Style* weitergebaut. Anfang des 20. Jhs. drohte das Gotteshaus einzustürzen, da die Fundamente in den Torfboden einsanken. Man stabilisierte sie mit Beton. Im nördlichen Seitenschiff hat die Schriftstellerin Jane Austen, die 1817 im Alter von 42 Jahren starb, ihre letzte Ruhe gefunden (Mo–Sa 9.30–17, So 12.30 bis 15 Uhr).

Den Innenstadtbereich markiert das **West Gate** mit der Great Hall. An der runden Tischplatte im großen Saal soll einstmals die Tafelrunde von König Artus Platz genommen haben.

Hotel und Restaurant

Wykeham Arms Inn €€

250 Jahre altes Inn mit traditioneller britischer Küche. 14 Gästezimmer.

• 75 Kingsgate St.
  Winchester SO23 9PE
  Tel. 01962-853834
  www.wykehamarmswinchester.co.uk

Salisbury 18 [D5]

1220 verließ der Bischof von Sarum die uralte Stadt und gründete New Sarum, das heutige Salisbury (40 000 Einw.). Bald begann der Bau der **Salisbury Cathedral,** die bis 1265 im reinen *Early English* errichtet wurde. 1315 war auch der 123 m hohe Turmhelm komplett. Erst nicht geplant, belastete er die Pfeiler der Vierung mit mehr als dem zehnfachen Gewicht und lässt Statikern bis heute keine Ruhe. Im Kapitelhaus wird ein Original der **Magna Charta** gezeigt (April–Okt. Mo–Sa 9.30 bis 17, Nov.–März 10–16.30, 28. März bis Okt. 11–16 Uhr). Bei herrlichem Ausblick auf den Kirchenturm kann man sich im Refectory-Restaurant der Kathedrale stärken (€; tgl.).

In einem der schönsten Häuser an der Domfreiheit, dem alten King's House, widmet sich das **Salisbury & South Wiltshire Museum** der Geschichte von Stadt und Grafschaft. Zu sehen sind u. a. Funde aus Stonehenge › S. 75 und Old Sarum › S. 61 (Mo–Sa 10–17, So 12–17 Uhr, www.salisburymuseum.org.uk).

UNESCO-Weltkulturerbe: Stonehenge

Info

Salisbury TIC
- Fish Row | Salisbury SP1 1EJ
  Tel. 01722-342860
  www.visitwiltshire.co.uk

Hotels

Old Mill Hotel Harnham €€
Idyllisch in einer alten Mühle aus dem
12. Jh. eingerichtet, etwas außerhalb
der Stadt; mit Restaurant.
- West Harnham | Salisbury SP2 8EU
  Tel. 01722-512139
  http://oldmillhotelsalisbury.co.uk

Avonlea House €
Gemütliches Vier-Sterne-Guesthouse in
Familienbesitz mit nur 3 Zimmern.
- 231 Castle Road
  Salisbury SP1 3RY
  Tel./Fax 01722-338351
  www.avonleahouse.co.uk

Restaurant

Haunch of Venison €–€€
Moderne englische Küche in schönem
Fachwerkhaus von 1320. Tgl.
- 1 Minster Street
  Salisbury SP1 1TB
  Tel. 01722-411313
  http://haunchpub.co.uk

Stonehenge 19 ⭐ [D5] und Avebury 20 [D5]

Von etwa 2800 bis 1100 v. Chr. wurden in mehreren Bauphasen die
geheimnisvollen Steinkreise von
Stonehenge errichtet. Die bis zu
1,5 t schweren Blausteine stammen
aus Südwestwales, die riesigen
Sandsteinblöcke (etwa 50 t schwer)
kamen aus der Gegend von Avebury. Die Monolithen wurden in
zwei konzentrischen Kreisen um
einen zentralen Altarstein paarwei-
se aufgerichtet und mit Deckplatten
verbunden. Man nimmt an, dass die
Anlage als Kultstätte und auch
astronomischen Zwecken diente
(April–Mai, Sept./Okt. tgl. 9.30–19,
Juni–Aug. tgl. 9–20, Nov.–Feb. 9.30
bis 17 Uhr, £ 15,50, Tel. 0870-
3331181, www.english-heritage.org.
uk/stonehenge).

Mit Stonehenge zum UNESCO-
Weltkulturerbe zählen auch die
Steinkreise von **Avebury.** Sie sind
wahrscheinlich noch um einige
hundert Jahre älter. Das größte Me-
galith-Denkmal Englands soll ursprünglich aus drei Steinkreisen mit
154 Megalithen (bis zu 5,5 m hoch
und 40 t schwer) bestanden haben,
von denen noch 36 erhalten sind.
Die Steine, die aus den Marlborough Downs nördlich von Avebury
stammen, standen auf einem 6 m
hohen Erdwall mit einem Radius
von 1200 m. Avebury war wahrscheinlich eine Kultstätte (Platz frei
zugänglich).

Silbury Hill [D5]

Bei Beckhampton südlich von
Avebury erhebt sich der prähistorische Silbury Hill. Warum der 37 m
hohe künstliche Berg, bei dessen
Namengebung der archaische Son-
nengott Sil Pate gestanden haben
soll, im 3. Jt. v. Chr. errichtet wurde,
ist nicht geklärt. Vermutlich hatte er
eine astronomische oder religiöse
Bedeutung.

Rosen, Rasen, Rhododendren

Eine Eigenschaft, die die Engländer ganz sicher auszeichnet, ist ihre große Liebe zu Gärten.

Südengland

kann sich derart fantastischer Parks und Gärten rühmen, dass die Auswahl schwer wird. Großzügige Blumen-, Strauch- und Baumpflanzungen hat **Hever Castle,** wo man sich im Labyrinth verirren oder italienischen Statuen bewundern kann. Nahe bei **Sissinghurst** › **S. 68** betört der romantische **Scotney Castle Garden,** eine Komposition aus Narzissen und Azaleen. Wie auf einem Gemälde umrahmen Bäume und Blumen die Ruine des Castles aus dem 14. Jh. Mit Baumfiguren, Eibenhecken und vielfältiger Blütenpracht gestaltete Baumeister Sir Edwin Luytens (1869–1944) den Garten von **Great Dixter,** Christopher Lloyd führte sein Werk fort.

- **Hever Castle** [E5]
  Hever | Edenbridge TN8 7NG
  Tel. 01732-865224
  www.hevercastle.co.uk
  Garten Feb.–März Mi–So 10.30–17, April–Okt. tgl. 10.30–18, im Winter 10.30–16 Uhr; Castle Feb.–März Mi–So 12–17, tgl. 12–18, im Winter 12–16 Uhr
- **Scotney Castle Garden** [E6]
  Lamberhurst
  Tunbridge Wells TN3 8JN
  Tel. 01892-893820
  www.nationaltrust.org.uk/scotney-castle
  Tgl. 10–17 Uhr
- **Great Dixter** [E6]
  Northiam
  Rye TN31 6PH
  Tel. 01797-252878
  www.greatdixter.co.uk
  April–Okt. Mo–Sa 9–17, So 10–17, Nov.–März Mo–Fr 9–12.30 und 13.30–16.30, Sa 9–12.30 Uhr

Zwei Juwelen

Rund 10 km südwestlich vom Zentrum Londons überwältigen die wahrhaft königlichen, 120 ha großen **Royal Botanic Gardens** mit ihrem Pflanzenreichtum. Überdies beeindrucken zwei viktorianische Stahl-Glas-Gewächshäuser mit tropischer Flora.

Englands entlegenster Garten ist **Tresco Abbey Gardens** auf der Insel Tresco, die zu den Isles of Scilly gehört › S. 88. 1834 auf dem Gelände einer Benediktinerabtei aus dem 12. Jh. angelegt, zeigt er neben der farbenfrohen Vielfalt subtropischer Pflanzen auch Galionsfiguren gestrandeter Schiffe.

- **Royal Botanic Gardens** [E5]
  Kew | Richmond TW9 3AB
  Tel. 020-83325655 | www.kew.org
  Tgl. ab 10 Uhr, Kinder frei
- **Tresco Abbey Gardens** [A6]
  Tresco | Isles of Scilly TR24 0QQ
  Tel. 01720-424108
  www.tresco.co.uk
  Tgl. 10–16 Uhr, Kinder frei

Nordengland

gilt als rau, windig und regnerisch – von wegen. Im Umkreis von York › S. 132 z. B. blüht es üppig. Auf dem Weg in die North York Moors lässt sich ein Besuch von **Castle Howard** einplanen. Prachtvoll ist das Herrenhaus, herrlich der Garten mit seiner Vielfalt an Rhododendren und Rosen.

Neben Studley Royal und Fountains Abbey › S. 135 hat Ripon auch **Newby Hall** zu bieten, mit Abenteuergärten, Entdeckungspfaden und Liliputeisenbahn für Kinder.

In den **Harlow Carr Botanical Gardens** präsentiert die Northern Horticultural Society ihre reiche Rhododendrensammlung neben attraktiven Ziergärten und einem Arboretum.

- **Castle Howard** [E2]
  York YO60 7DA | Tel. 01653-648333
  www.castlehoward.co.uk
  Garten tgl. 10–17 Uhr
- **Newby Hall & Gardens** [D2]
  Newby Hall | Ripon HG4 5AJ
  Tel. 0845-4504068
  www.newbyhallandgardens.com
  Garten April–Sept. Di–So 11–17.30,
  Haus 12–16 Uhr, Juli/Aug. beide tgl.
- **RHS Garden Harlow Carr** [D3]
  Crag Lane | Harrogate HG3 1QB
  Tel. 0845-2658070
  www.rhs.org.uk/gardens/harlow-carr
  März–Anfang Nov. tgl 9.30–18,
  Nov.–Feb. tgl. 9.30–16 Uhr

Weitere Garteninfos mit Suchoptionen und Links bieten www.greatbri tishgardens.co.uk und www.garden visit.com/gardens/in/england

England ist ein Traum für Rosenliebhaber

Stourhead 21 ⭐ [C5]

Als einer der prachtvollsten englischen Landschaftsparks wurde Stourhead zum Synonym für den Englischen Garten schlechthin! Ab 1740 legte Henry Hoare II. die 40 ha große Anlage um den Familienlandsitz an. Es entstand ein Paradies, das trotz aller gestalterischer Ambitionen völlig natürlich wirkt. Der Uferverlauf des Sees eröffnet immer wieder neue Ausblicke, dichte Baum- und Buschgruppen geben dem Garten einen besonderen Rhythmus. Durch eine künstliche Grotte plätschert der Stour vorbei am Flussgott mit seinen Nymphen (Haus März–Okt. tgl. 11–16.30 Uhr; Garten 9–19, im Winter bis 17 Uhr, £ 15,60, www.nationaltrust.org.uk/stourhead).

Bournemouth 22 [D6]

Vornehm erscheint das viktorianisch geprägte Seebad (183 000 Einw.), das einen 10 km langen Sandstrand, zwei Piers und viele Parks zu bieten hat. **Bournemouth Pier** liegt unterhalb steiler Klippen, Aufzüge bringen die Badegäste hinunter an den Strand. Am Undercliff Drive zeigt das **Russell-Cotes Art Museum and Gallery** ostasiatische Kunst und vor allem viktorianische Gemälde (Di–So 10–17 Uhr).

Info

Tourist Information Centre
• Pier Approach | Bournemouth BH2 5AA
  Tel. 01202-451734
  www.bournemouth.co.uk

Dorchester 23 [C6]

Die Stadt (19 000 Einw.) geht auf eine römische Siedlung zurück. Die prähistorischen **Maumbury Rings** bauten die Römer zu einem der großartigsten Amphitheater in England um. Nahe der Stadt kam 1840 der Schriftsteller Thomas Hardy zur Welt, dessen nachgebautes Arbeitszimmer im **Dorset County Museum** anzuschauen ist. Rund 3 km südwestlich liegt **Maiden Castle**, eine der größten Festungsanlagen Englands (zwischen 350 und 75 v. Chr).

Weymouth 24 [C6]

Ein schöner, 3 km langer Sandstrand mit Promenade macht diese Stadt (52 000 Einw.) bei Urlaubern beliebt. In die renovierten Lagerhäuser am Hafen sind Lokale eingezogen, aus Magazinspeichern wurden Ferienapartments. Die **Ringstead Bay**, 8 km westlich, ist reich an Fischbeständen und Fossilien.

Hotel

Oaklands Guesthouse €
B & B in schöner Villa, die um 1900 erbaut wurde. In Strandnähe.
• 1 Glendinning Avenue
  Weymouth DT4 7QF
  Tel. 01305-767081
  www.oaklands-guesthouse.co.uk

Abbotsbury 25 [C6]

Mit seinen honigfarbenen, reetgedeckten Häusern ist Abbotsbury ein Bildbucherdorf par excellence. Von der Seefahrerkapelle **St. Catherine's**,

Die palladianische Brücke und das Pantheon im Landschaftspark Stourhead

die auf einem 80 m hohen Hügel thront, bietet sich ein herrlicher Blick auf den **Chesil Beach**. **50 Dinge** ⑦ › **S. 12**. In der Lagune zwischen Beach und Küste werden in der **Swannery** Schwäne gehegt (Fütterung tgl. 12/16 Uhr). Die **Abbotsbury Subtropical Gardens** gehören zu den attraktivsten Gärten im Land (tgl. ab 10 Uhr).

Info

Abbotsbury Tourism
• West Yard Barn | West Street
  Abbotsbury DT3 4JT
  Tel. 01305-871130
  www.abbotsbury-tourism.co.uk

West Bay 26 [C6]

Das kleine Seebad ist ein idealer Ausgangspunkt für Tageswanderungen an der Jurassic Coast › **S. 64**. Um das T-förmige Hafenbecken gruppieren sich u. a. Fish- &-Chips-Shops und die niedliche **St. John's**

Church. Fischkutter und Segelboote schaukeln am Kiesstrand im Wind.

Hotel

Bridport Arms € €
Reetgedecktes Hotel am Strand mit herrlichem Blick auf die Jurassic Coast.
• West Bay DT6 4EN | Tel. 01308-422994
  www.bridportarms.co.uk

Lyme Regis 27 [C6]

Steile Gassen winden sich in dem charmanten Seebad die Klippen hinauf. Das **Dinosaurland Fossil Museum** zeigt Funde sowie Modelle von Sauriern und zur Erdgeschichte (tgl. 10–17 Uhr, Winter andere Öffnungszeiten, www.dinosaurland.co.uk).

Info

Lyme Regis TIC
• Guildhall Cottage | Church Street
  Lyme Regis DT7 3BS
  Tel. 01297-442138
  www.lymeregis.org

Sidmouth 28 [C6]

An der Mündung des River Sid liegt das idyllische Seebad, dessen Geschichte das **Sidmouth Museum** in Hope Cottage präsentiert (31. März bis Okt. Mo 13–16, Di–Sa 10 bis 16 Uhr). Etabliert ist die **Sidmouth Folk Week,** die im August stattfindet.

Hotel und Restaurant
The Salty Monk €€–€€€
Einige schöne Zimmer, aber v. a. eins der besten Restaurants Südenglands mit moderner britischer Küche. 3,5 km nördl.; Mi Ruhetag. **50 Dinge** ⑲ › S. 14.
• Church Street | Sidford
  Sidmouth EX10 9QP
  Tel. 01395-513174
  www.saltymonk.co.uk

Exeter 29 [C6]

Die Universitätsstadt und Verwaltungskapitale von Devon (124 000 Einw.) wurde von den Römern gegründet. Zwischen 1275 und 1365 ließen die Bischöfe von Exeter ihre ursprünglich normannische **Kathedrale** in reinstem *Decorated* umgestalten. Mit einer dreifachen Skulpturenreihe ist die Westfassade geschmückt (Mo–Sa 9–17, So 11.30 bis 17 Uhr.) An der Ostseite diente das Tee- und Kaffeehaus im Fachwerkbau **Mol's Coffee House** als Treffpunkt von Kapitänen wie Sir Francis Drake › **S. 85.**

Highlights der schönen Altstadt sind die Ruine von **Rougemont Castle,** der **Tucker's Hall** (Zunfthaus der Weber), der **Guildhall** (1160) und das Kloster **St. Nicholas Priory.** Die interessante Sammlung des **Royal Albert Memorial Museum** reicht von Archäologie über Kunst bis Zoologie (Di–So 10–17 Uhr, www.ram museum.org.uk).

Spannend sind Führungen durch das mittelalterliche unterirdische Wasserversorgungsnetz: die **Underground Passages** (Eingang Paris St., Voranm. Tel. 01392-665887, Juni bis Sept. Mo–Sa 9.30–17.30, So 10.30 bis 16, Okt.–Mai Di–Fr 11.30 bis 17.30, Sa 9.30–17.30, So 11.30 bis 16 Uhr, Familien £ 18).

Info
Exeter Visitor Information
• Dix's Field | Exeter EX1 1GF
  Tel. 01392-665700
  www.exeter.gov.uk/visiting

Hotel
The Braeside €
Nettes B & B in einem denkmalgeschützten Haus, **!** tolles Frühstück.
• 21 New North Rd. | Exeter EX4 4HF
  Tel. 01392-256875
  www.guesthouseinexeter.co.uk

Restaurant
Double Locks Pub €
Seit 1820 direkt am Kanalufer gelegen, mit Biergarten, Volleyball- und Kinderspielplatz. Regelmäßig Livemusik. Tgl.
• Canal Bank | Exeter EX2 6LT
  Tel. 01392-256947
  www.doublelocks.com

Torquay 30 [C6]

Die ca. 35 km Küstenlinie mit ihren 18 herrlichen Stränden entlang der Torbay trägt zu Recht den Beinamen »Englische Riviera«. Von den drei zusammengewachsenen Ferienorten wäre Torquay (65 000 Einw.) vor dem Hintergrund der roten Klippen mit den Palmen an der Seepromenade, den abendlichen Konzerten, Theater- und Varietéprogrammen und dem **Princess Pier** vielleicht Cannes am ähnlichsten. Die berühmteste Bewohnerin von Torquay war Agatha Christie, die etwas südlich des Seebades lebte. Eine herrliche Bucht am nordöstlichen Stadtrand ist **Babbacombe Beach,** wohin auch eine Kabinenbahn steil die Klippe hinabfährt.

Paignton eignet sich für ungezwungene Familienferien, und im Hafen des Fischerortes **Brixham** liegt ein originalgetreuer Nachbau der **Golden Hind** vor Anker, mit der Sir Francis Drake › **S. 85** von 1577–1580 die Welt umsegelte.

Info

English Riviera Tourist Board
• 5 Vaughan Parade | Torquay TQ2 5JG
Tel. 0844-4742233
www.theenglishriviera.co.uk

Hotel

Headland View B&B €
Viktorianische Stadtvilla mit 6 individuellen, modernen Zimmern und tollem Seeblick.
• 37 Babbacombe Downs Road
Torquay TQ1 3LN | Tel. 01803-312612
www.headlandview.com

Restaurant

Langtry's €€€
Superbes Hotel-Restaurant, innovative Gerichte mit lokaler Note. Tgl.

Blick auf Brixham von Torquay aus

• Osborne Hotel | Hesket Crescent
Torquay TQ1 2LL | Tel. 01803-213311
www.osborne-torquay.co.uk

Pub

Hole in the Wall €–€€
Klassische englische Küche in Torquays ältestem Smugglers' Inn (1540). Tgl.
• 6 Park Lane | Torquay TQ1 2AU
Tel. 01803-200755
www.holeinthewalltorquay.co.uk

Dartmouth 31 [C6]

Zentrum des netten Ortes (6800 Einw.) ist **The Quay,** ein kleines quadratisches Hafenbecken, das von schönen Fachwerkhäusern umgeben ist. Auch die Straße **Butterwalk** wird von blumengeschmückten, efeuberankten alten Wohnhäusern gesäumt. Im hoch über Dartmouth gelegenen **Royal Naval College** verbrachten die Söhne von Königin Elisabeth II. ihre Militärzeit.

Bei einer Fahrt mit dem Dampfschiff den River Dart aufwärts bis Totnes kann man die wunderschöne Flusslandschaft besonders genießen und Agatha Christies Landsitz **Greenway** besuchen. Ein Erlebnis ist auch die Fahrt mit der **Dartmouth Steam Railway** auf der landschaftlich reizvollen Strecke von Paignton nach Kingswear (Infos zu beiden Fahrten: Tel. 01803-555872, www. dartmouthrailriver.co.uk).

Info

Dartmouth Tourist Information
• Mayors Ave. | Dartmouth TQ6 9YY
  Tel. 01803-834224
  www.discoverdartmouth.com

Restaurant

Annabelles Kitchen €€–€€€
Moderne britische Küche mit frischen lokalen Zutaten. So/Mo Ruhetag.
• 24 South Embankment

Dartmouth TQ6 9BB
Tel. 01803-833540

Pub

The Cherub €–€€
Englische Küche im ältesten Fachwerkhaus der Stadt. **50 Dinge** › **S. 14.**
• 13 Higher Street | Dartmouth TQ6 9RB
  Tel. 01803-832571
  http://the-cherub.co.uk

Dartmoor National Park ⭐ [B6]

Besonders schön ist das Dartmoor in den Monaten August und September, wenn die wild lebenden Moorland-Ponys in blühender Heide grasen. *Tors* heißen jene auffäl-

Unterwegs in Südengland

Tour

Wildromantischer Südwesten
› S. 63

Exeter › Torquay › Plymouth › St. Michael's Mount › Land's End › St. Ives › Tintagel › Bristol › Bath

Tour

Blühendes Dartmoor › S. 64

Exeter › Moretonhampstead › Postbridge › Two Bridges › Princetown › Buckland's Abbey › Lydford › Okehampton › Castle Drogo › Exeter

Tour

Die Jurassic Coast › S. 64

Weymouth › Abbotsbury › West Bay › Charmouth › Lyme Regis › Sidmouth

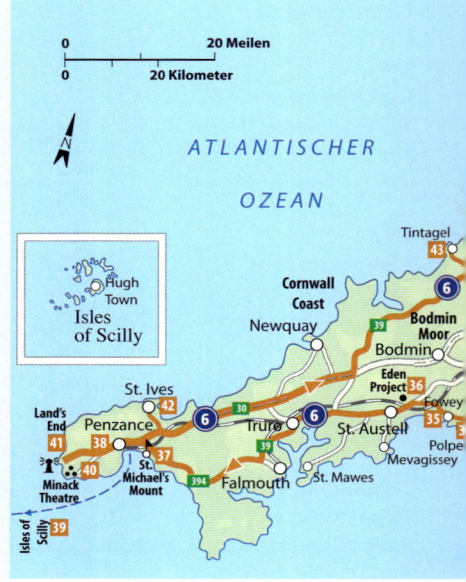

ligen Granitfelsen, die gefaltet, gestapelt, ja wie von Hand aufgeschichtet wirken. Über 160 von ihnen gibt es in der Hochmoorebene. Dort entspringen auch mehrere Flüsse, die von *clapper bridges* › S. 84 aus Granit überspannt werden und zwischen Farnen und bemoosten Ufern hindurchfließen. Dazu finden sich unzählige prähistorische Zeugnisse, z.B. Steinkreise oder Menhire, und 400 besondere Briefkästen. **50 Dinge** ⑥ › S. 12.

Info

National Park Visitor Centre
• Tavistock Rd.
  Princetown PL20 6QF
  Tel. 01822-890414
  www.dartmoor-npa.gov.uk

Moreton- hampstead 32 [B6]

War es früher die Wolle, so prägt heute der Tourismus den kleinen Weiler – ein idealer Ausgangspunkt für Dartmoor-Wanderer. Im nahen North Bovey begeistert das **Miniature Pony Centre** mit seinen Farmtieren v. a. Kinder.

Hotel

White Hart Hotel €
20 großzügige Räume mit viel Flair im 300 Jahre alten Traditionshaus. Das schlicht-edle Restaurant verwöhnt mit Gerichten aus lokalen Zutaten.
• The Square
  Moretonhampstead TQ13 8NQ
  Tel. 01647-440500
  www.whitehartdartmoor.co.uk

Haytor Rocks – einer der markanten *tors* im Dartmoor

Becky Falls

Rund um die eindrucksvollen 67 m hohen Wasserfälle ist ein Park entstanden mit Picknickplätzen, Streichelzoo und Mitmachaktionen für Kinder (7 km westl. von Bovey Tracy, 15. Febr.–2. Nov. tgl. 10–17 Uhr, www.beckyfalls.com).

Castle Drogo

In buntem Stilmix wurde Castle Drogo bei Chagford ab 1910 als letztes seiner Art in England erbaut. Im Innern präsentiert der pompöse Landsitz neben flämischen Tapisserien und Originalmobiliar auch eine stattliche Waffensammlung (Mitte März–Okt. tgl. 11–17 Uhr, ansonsten eingeschränkt geöffnet, Details: www.nationaltrust.org.uk/castle-drogo).

Restaurant

Gidleigh Park €€€

Das Feinschmecker-Restaurant von Sternekoch Michael Caines liegt 6 km westlich vom Castle. Tgl.

• Chagford TQ13 8HH
Tel. 01647-432367 | www.gidleigh.com

Postbridge

Hier ist die Klapperbrücke *(clapper bridge)* aus dem 13. Jh. bemerkenswert. So heißen Brücken, die durch einfaches Auf- und Aneinanderlegen von Natursteinplatten ohne Mörtel gebaut werden. Packpferde passierten sie, um Zinn, das neben Kupfer im Dartmoor abgebaut wurde, zu den Schmelzöfen in Chagford zu bringen.

Buckland Abbey

Unweit von Yelverton zieht die 1278 als Zisterzienserabtei gegründete Buckland Abbey in ihren Bann. 1581 erwarb Sir Francis Drake, der um 1540 im nahen Tavistock das Licht der Welt erblickte, das Anwesen mit schönem Garten.

Dem englischen Seehelden ist ein **Marinemuseum** in der Abtei gewidmet (Mitte Feb.–Okt. 11–17, Nov. bis Dez. 11–16 Uhr).

Lydford

Lydford Castle (13. Jh.), heute eine Ruine, diente im 18. Jh. als Zinnge-richt und Gefängnis. Faszinierend ist die nahe **Lydford Gorge** mit ihrem Wasserfall. In der 2,5 km langen Schlucht stürzt das Wasser des Lyd 30 m in die Tiefe (Mitte März–Sept. tgl. 10–17, Okt. 10–16 Uhr, www. nationaltrust.org.uk/lydford-gorge).

Hotel

Lydford Country House €€
In einem Himmelbett im Landhaus über-nachten! Fahrradverleih, Reiten.
• Okehampton EX20 4AU
  Tel. 01822-820347
  www.lydfordhouse.co.uk

Okehampton

Malerisch auf einem Hügel ober-halb des Flusses Okement liegt das verfallene Castle von Okehampton, das William Turner gern als Motiv wählte. Einblick in das frühere Leben der Menschen im Dartmoor vermittelt das **Museum of Dartmoor**

Life im Zentrum von Okehampton (Mo–Fr 10–15, Sa bis 13 Uhr, www. museumofdartmoorlife.org.uk).

Plymouth 33 [B6]

Auf dem grünen Hügel **The Hoe** am Hafen erinnern das Krieger-denkmal der Marine, das Armada-Denkmal, sowie eine Statue des Seehelden Sir Francis Drake an die maritime Vergangenheit von Ply-mouth (261 500 Einw.) und dem britischen Empire. Hier ragt auch der rotweiß gestreifte Leuchtturm **Smeaton's Tower** auf, der in frühe-ren Zeiten den Plymouth-Sound sicherte. Von seiner hohen Platt-form aus hat man einen weiten Blick über die Stadt und den Hafen. Am Südende des Hafenbeckens befin-den sich die **Mayflower Steps.** Von hier brachen 1620 die Pilgrim Fathers zu ihrer historischen Reise nach Nordamerika auf, wo sie als erste englische Siedler Neuengland gründeten.

Sir Francis Drake

Schon als 20-Jähriger befehligte Drake im Kampf gegen die Spanier ein Schiff. Ganz auf sich allein gestellt, griff er 1572 den spanischen Karibikflecken Nombre de Dios an, schickte bei Panama spanische Schiffe auf den Meeresgrund und kaperte eine Galeone mit 40 000 Pfund Silber an Bord. Drake war nun ein ge-machter Mann. Nach seiner Weltumseglung von 1577 bis 1580 brachte er erneut erbeutete spanische Schätze nach England und wurde von Elisabeth I. geadelt. 1588 kam es dann zur Seeschlacht gegen die spanische Armada vor der südeng-lischen Küste. Erst schickten Vize-Admiral Drake und die Kommandeure Frobisher und Hawkins viele Schiffe auf den Grund, dann besiegelte ein Sturm das Schicksal der spanischen Schiffe.

Nach diesem Abenteuer wendete sich Sir Francis wieder seiner Lieblingsbe-schäftigung zu – und kaperte munter weiter spanische Goldschiffe.

Aus elisabethanischer Zeit existieren noch einige Fachwerkhäuser wie das **Elizabethan House** (New Street) im Hafenviertel Barbican. Nicht weit von dort steht das **Merchant's House Museum,** das sehr lebendig die Geschichte der Stadt veranschaulicht (April–Okt. Di–Sa 10–12, 13–17 Uhr).

Info
Visitor Information Centre
• Plymouth Mayflower Centre
  3–5 The Barbican
  Plymouth PL1 2LR
  Tel. 01752-306330
  www.visitplymouth.co.uk

Hotel
Seabreezes Guest House €
Luxuriöse Zimmer, teilweise mit Blick über den Plymouth Sound, Mayflower-Frühstück mit Lachs.
• 28 Grand Parade | Plymouth PL1 3DJ
  Tel. 01752-667205
  www.plymouth-bedandbreakfast.co.uk

Restaurant
Platters €–€€
Das Restaurant im typischen Bistrostil ist berühmt für seine lokale Seafood-Küche. Tgl.
• 12 The Barbican | Plymouth PL1 2LS
  Tel. 01752-227262
  www.platters-restaurant.co.uk

Polperro 34 [B6]

Das Fischerdörfchen (5300 Einw.) an der Küste von Cornwall ist während der Sommersaison ziemlich überlaufen. Der kleine Hafen wird von steilen Felsen umrahmt. Von hier führt ein Wirrwarr an verträumten Gassen, Treppen und verschachtelten Wegen durch das Dorf. Das **Heritage Museum of Smuggling and Fishing** erzählt von der Vergangenheit des Ortes als Schmugglerhochburg (März–Okt. tgl. 10–18 Uhr).

Fowey 35 [B6]

Das gemütliche, bei Sonne fast mediterran wirkende Seefahrerstädtchen (2400 Einw.) hat sich zu einem der attraktivsten Segelsportzentren im Südwesten entwickelt. Eine Tochter der Region ist die Schriftstellerin Daphne du Maurier (1907 bis 1989). Ihre Romane und Kurzgeschichten sind fast ausschließlich in Cornwall angesiedelt. Ihr ist das kleine **Literary Centre** in der South Street gewidmet.

Eden Project 36 [B6]

Das Paradies ist nicht weit: In einem Abbaukrater bei St. Austell entstand das größte Gewächshaus der Welt: The Eden Project wurde im März 2001 eröffnet. Pflanzen aus drei Klimazonen der Erde gedeihen unter fast 200 000 m² Dachfläche in neuartiger Kunststoffkonstruktion.

Die ❗ spektakuläre Attraktion vermittelt auf beeindruckende Weise die Geschichte der Pflanzen auf dem Globus und bietet Ausstellungen sowie ein Kultur- und Veranstaltungsprogramm (März–Okt. tgl. 10–18, teilw. bis 20 Uhr, £ 25, www.edenproject.com).

St. Michael's Mount 37 ⭐ [A6]

Wenige hundert Meter vom Festland ragt St. Michael's Mount aus dem Wasser. Nachdem um 495 einige Fischer Visionen des hl. Michael hatten, errichteten keltische Mönche ein Kloster. 1135 gingen Benediktinermönche des bretonischen Mont St.-Michel an den Ausbau. Mit der Reformation von Heinrich VIII. wurde die Klosterinsel in eine Küstenbefestigung umgewandelt, im 17. Jh. fiel sie an die Familie St. Aubyn, die einen prächtigen Herrensitz daraus gestaltete. Im Jahr 1954 übernahm der National Trust die Insel. Bei Ebbe wandert man zu Fuß auf dem Steindamm hinüber, im Sommer pendeln auch Fähren von **Marazion** zum Burgberg (Sa geschl.; die unterschiedlichsten Öffnungszeiten erfährt man auf www.stmichaelsmount.co.uk, Familien £ 22,50–31).

Aus privater Initiative entwickelte sich das großartige Eden Project

Info

St. Michael's Mount
• Manor Office | Marazion TR17 0EF
Tel. 01736-710507
Gezeiten u. Fähre: 01736-710265
www.stmichaelsmount.co.uk

Penzance 38 [A6]

Ihr mildes Klima verdankt diese Stadt (21 000 Einw.) am Südwestzipfel Englands dem Golfstrom, der in die Irische See fließt. So stehen exotische Pflanzen, vor allem Palmen, in den Vorgärten und an den Straßen. Die *folly* in der Chapel Street passt dazu: 1835 wurde das **Ägyptische Haus** errichtet, dessen Fassade Papyrusbündelsäulen und Uräusschlange schmücken.

Alljährlich in der zweiten Junihälfte feiert Penzance zehn Tage lang das **Golowan Festival** (cornisch für Hochsommer) mit Musik, Theater und Feuerwerk (www.golowan festival.org).

Von Penzance aus bieten sich Ausflüge zu den **Isles of Scilly** mit dem Schiff oder per Helikopter an › **S. 88**. Malerisch ist die ❗ Bucht Lamorna Cove bei Trewoofe.

Pub

The Turk's Head €–€€
Älteste Kneipe von Penzance; schöner Garten, ausgezeichnete Pubgerichte.
• Chapel Street | Penzance TR18 4AF
Tel. 01736-363093
www.turksheadpenzance.co.uk

Isles of Scilly 39 [A6]

Die insgesamt 140 Inselchen sind ein kleines Paradies 50 km vor der Westküste Cornwalls, umgeben von türkisgrünem Wasser mit ihren z. T. unberührten Stränden. Bewohnt sind nur fünf Inseln: Bryher, St. Agnes, St. Martins, St. Mary's und Tresco. Schmuggel und Schiffsplünderungen waren einst die Haupteinnahmequellen der Insulaner, heute sind es der Tourismus und die Blumenzucht (Tresco Abbey Garden › **S. 77**). Die Hauptstadt heißt **Hugh Town** auf **St. Mary's**. Neben der Festungsanlage ist hier das **Isles of Scilly Museum** einen Besuch wert (Tel. 01720-422337, www.iosmuseum.org).

Info

Tourist Information Centre
• Porthcressa Bank | St Mary's TR21 0LW
  Tel. 01720-424031
  www.visitislesofscilly.com

Flug- und Schiffsverbindungen

Isles of Scilly Travel Centre
• Quay Street | Penzance TR18 4BZ
  Buchungs-Hotline Tel. 01736-334220
  www.ios-travel.co.uk

Minack Theatre 40 ⭐ [A6]

Etwas südlich von Land's End in **Porthcurno,** das auch über einen herrlichen Strand verfügt, finden Bühnenenthusiasten etwas Besonderes – das oberhalb des Meeres in die Steilküste geschlagene Minack Theatre. Das ungewöhnliche Freilichttheater ist nach antikem Vorbild angelegt und bietet seit 1932 den Blick auf die Bühne und das Meer. In der Spielzeit von Mai bis September haben Minack-Freunde dicke Pullover und Regenjacken dabei, ein Sitzkissen und auch eine Decke für die Beine. Pro Jahr fallen nur etwa vier Veranstaltungen aus. (The Minack Theatre & Visitor Centre, Porthcurno, Penzance TR19 6JU, Tel. 01736-810181, www.minack.com.)

Land's End 41 [A6]

Der westlichste Punkt Englands ist ein Ausflugsziel für die ganze Familie. Das von rauen Klippen umgebene Areal ist in Privatbesitz und mit Restaurants, Souvenirshops und diversen Attraktionen entsprechend kommerzialisiert. Unternehmen Sie hier unbedingt einen längeren Spaziergang nach Süden oder Norden, denn die Küste bei Land's End ist eine der spektakulärsten weit und breit. Steil steigen die Klippen bis zu 50 m hoch aus dem Wasser, und die Wellen tosen um mächtige Steinbrocken mit so merkwürdigen Namen wie Dr. Syntax's Head, Irish Lady oder Armed Knight (www.landsend-landmark.co.uk).

St. Ives 42 [A6]

Obwohl St. Ives (11 000 Einw.) mit seinen langen sauberen Stränden das Tourismuszentrum Cornwalls ist, wird spürbar, warum nicht nur das ungewöhnliche Licht, sondern auch die einzigartige Atmosphäre so viele Künstler anzog. William Turner war einer der ersten Maler, die hier ihre Staffelei aufbauten. In beherrschender Lage am Porthmeor-Strand würdigt die **Tate Gallery St. Ives,** die dritte Dependance der Londoner Tate Britain, die Künstler Cornwalls. Das bunte Glasfenster in der Rotunde des Museums fertigte Patrick Heron, ein Einheimischer.

Der Galerie angeschlossen sind der **Skulpturengarten** und das Atelier der Bildhauerin Barbara Hepworth, die 1975 bei einem Brand im Haus ums Leben kam. Im Studio hat man jedoch den Eindruck, als könnte sich die Künstlerin hier sogleich wieder an die Arbeit machen. Im Garten stehen zwischen Palmen und Blumen 22 große Skulpturen. Neben Henry Moore war Barbara Hepworth eine der bedeutendsten Bildhauerinnen des 20. Jhs. (März bis Okt. 10–17.20, Nov.–Febr. Di bis So 10–16.20 Uhr, Tel. 0173-6796226, www.tate.org.uk/stives).

Von Juni bis August fahren alle 30 Min. Züge von St. Erth, Lelant und Lelant Saltings (Parken und 10- bis 20-minütige Bahnfahrt ca. £ 10).

Skulpturengarten in St. Ives

• 16 Tregenna Terrace | St. Ives TR26 2DL
  Tel. 01736-797888
  www.coasthousestives.co.uk

Pub

Sloop Inn €–€€
Uralter Pub (1312) am Hafen, traditionelle cornische Küche und Fischgerichte.
• The Wharf | St. Ives TR26 1LP
  Tel. 01736-796584
  www.sloop-inn.co.uk

Info

Visit St Ives Information Centre
• The Guildhall | Street an Pol
  St. Ives TR26 2DS | Tel. 0905-2522550
  www.visitstives.org.uk

Hotel

The Coasthouse €
Modern ausgestattete Zimmer, Meeresblick und tolles Frühstück.

Tintagel 43 [B6]

Das Straßendorf ist das Mekka aller Artus-Anhänger: König Artus soll in **Tintagel Castle** geboren sein (April–Sept. tgl. 10–18, Okt. bis 17, Nov. bis März nur Sa/So 10–16 Uhr, www.english-heritage.org.uk). Neben den Resten der Burganlage hoch über dem Meer, deren älteste Teile aus dem 12. Jh. stammen, lohnt das original viktorianisch eingerichtete **Old Post Office** einen Besuch.

Clovelly 44 [B5]

Als vermeintlich schönstes unter den pittoresken Fischerdörfern entlang der südenglischen Küste gilt Clovelly (450 Einw). Hier werden die Besucher zunächst auf einen Parkplatz geleitet, lösen die Eintrittskarte und werden im Besucherzentrum mittels Videofilm mit der Geschichte des Örtchens vertraut gemacht. Dann beginnt man mit Hunderten von anderen Besuchern den 800 m langen Abstieg zum Hafen. Die steile Straße ist gesäumt von blumengeschmückten weißen Cottages. Unten schützt eine Mole das winzige Hafenbecken, und die vielen Besucher drängeln sich im »Red Lion«, das auch einige Fremdenzimmer vermietet.

Hotel

Red Lion Hotel €–€€

Das Hotel direkt am Hafen ist auch der Inn-Treff in Clovelly und bietet eine exzellente Fischküche.

• The Quay
  Clovelly EX39 5TF
  Tel. 01237-431237
  www.stayatclovelly.co.uk/the-red-lion

Exmoor National Park ⭐ [B5–C5]

Rund 700 km² groß ist diese Heide- und Waldlandschaft mit dramatischen Klippen und bewaldeten Tälern, die 243 Vogelarten und 900 Arten von Bäumen, Sträuchern und Gräsern Lebensraum bietet. Der Nationalpark ist vor allem für den größten Rotwildbestand Englands bekannt.

An der Küste von Exmoor führt ein Wanderweg an den schroffen Klippen vorbei, auf denen viele Seevögel nisten. Im Zentrum des Moors liegt der Weiler **Exford** 45 [C5], der sich als Startpunkt für Wanderungen anbietet. Südlich von Exford führt die 55 m lange Brücke **Tarr Steps** aus 17 Steinplatten über den River Barlo.

Info

Exmoor National Park Centre

• 7–9 Fore Street | Dulverton TA22 9EX
  Tel. 01398 323841
  www.exmoor-nationalpark.gov.uk

Weitere National Park Centres sind in Dunster und Lynmouth.

Wells 46 ⭐ [C5]

Die Attraktion der kleinen Stadt (10 000 Einw.) ist die mächtige **Kathedrale,** die gleich mit mehreren Besonderheiten aufwarten kann. Da ist zuerst einmal der Blick über die Domfreiheit auf die prachtvolle Westfassade, geschmückt mit rund 300 Figuren. Im Innern sind es die Scherenbogen in der Vierung, die Wells bekannt machten. Als der zentrale Turm die tragenden Säulen auseinander zu drücken drohte, zogen die Baumeister zwischen den Stützpfeilern Spitzbogen ein, denen wiederum ein zweiter, auf dem Kopf stehender Spitzbogen aufgesetzt wurde. Statik und Ästhetik dieser *Inverted Arches* sind unübertroffen. Ähnlich berühmt ist die Treppe, die

Mittelalterliche Steinmetzkunst ziert die Westfassade der Wells Cathedral

vom Kapitelhaus wie eine steinerne Welle ins Kirchenschiff hinabflutet. Nicht verpassen sollten Sie das Glockenspiel der astronomischen Uhr von 1390, wo sich jede Viertelstunde Ritter vom Pferd stoßen (April bis Sept. tgl. 7–19, sonst 7–18 Uhr, Eintritt frei). Am Chain Gate liegt **Vicar's Close**, die weltweit älteste Reihenhaussiedlung (1348). In den 42 Häuschen wohnen traditionell die Lehrer der Domschule.

Info

Visitor Information Centre
• Wells Museum
  8 Cathedral Green
  Wells BA5 2UE
  Tel. 01749-671770
  www.wellssomerset.com

Restaurant

Goodfellows €€€
Exklusives Restaurant und Brasserie-Café mit Schwerpunkt Fischgerichte. Lunch Di–Sa, Dinner Mi–Sa.

• 5 Sadler Street | Wells BA5 2RR
  Tel. 01749-673866
  www.goodfellowswells.co.uk

Cheddar **47** [C5]

Der Name des Dorfes am Rande der Mendip Hills ist Käseliebhabern vertraut. In der Gemeinde am River Yeo sind die **Cheddar Gorge,** eine 5 km lange Schlucht, **50 Dinge** ③① › S. 16, sowie die **Cheddar Caves** mit eindrucksvollen Tropfsteinformationen zu besichtigen. In den Höhlen lagerte und reifte früher der Käse (Juli/Aug. tgl. 10–17, sonst 10.30 bis 17 Uhr, www.cheddargorge.co.uk).

Bristol **48** [C5]

Parallel zum River Avon zieht sich das Naherholungsgebiet **Floating Harbour** durch die Universitätsstadt (449 000 Einw.). Hier informiert das **Bristol Industrial Museum M-Shed** über 200 Jahre Schiffbau (Di–Fr

10–17, Sa/So bis 18 Uhr, http://mshed.org). Im Trockendock ihres Heimathafens liegt die **SS Great Britain,** die im Jahr 1843 als erster ganz aus Stahl gebauter und von einer Schiffsschraube angetriebener Ozeandampfer vom Stapel lief. Eine Besichtigung des ersten Kreuzfahrtschiffes lohnt unbedingt (tgl. 10 bis 17.30, Okt–März bis 16.30 Uhr, Familienticket £ 36,50, www.ssgreatbritain.org.).

Ebenfalls am Hafen bietet das Kulturzentrum **Arnolfini** drei Galerien für moderne Kunst sowie Kino, Theater, Tanzvorführungen, Konzerte, einen Buchladen und eine schicke Café-Bar (16 Narrow Quay, Bristol BS1 4QA, Tel. 0117-9172300, www.arnolfini.org.uk).

In die Literaturgeschichte ist der landesweit bekannte Pub **The Llandoger Trow** (King St.) eingegangen: Daniel Defoe ließ sich hier von dem Matrosen Alexander Selkirk seine Lebensgeschichte erzählen – heraus kam der Roman »Robinson Crusoe«; und als »Spyglass Inn« verewigte Robert L. Stevenson diese Taverne in seinem berühmten Roman »Die Schatzinsel«.

Im Vorort Clifton wartet noch ein besonderer Thrill: In atemberaubender Höhe überspannt die Hängebrücke **Clifton Suspension Bridge** das tiefe Tal des River Avon.

Info
Bristol TIC
• E Shed | 1 Canons Road
  Bristol BS1 5TX
  Tel. 0333-3210101
  www.visitbristol.co.uk

Flughafen
Bristol Airport
11 km südwestlich von Bristol gelegen, alle 30 Min. Busse in die Innenstadt.
• Bristol BS48 3DY
  Ankunft/Abflug: Tel. 0871-3344444
  www.bristolairport.co.uk

Hotels
Bristol Marriott Royal €€
Bristols luxuriöseste Adresse mit dem Flair eines wahren Grandhotels, inklusive Fitnessangebot und Spa.
• College Green
  Bristol BS1 5TA
  Tel. 0117-9255100
  www.bristolmarriottroyal.co.uk

Victoria Square Hotel €
Schönes viktorianisches Haus im Vorort Clifton, elegante Zimmer.
• Victoria Square
  Clifton | Bristol BS8 4EW
  Tel. 01179-739058
  www.victoriasquarehotel.co.uk

Restaurants
Bell's Diner €€€
Ausgezeichnete Küche und eine reichhaltige Weinkarte. So Ruhetag.
• 1–3 York Road
  Bristol BS6 5QB
  Tel. 0117-9240357
  www.bellsdiner.com

Riverstation €€
Innovativ, mit internationaler Küche, direkt am Hafen. Tgl.
• The Grove
  Bristol Harbourside
  Bristol BS1 4RB
  Tel. 0117-9144434
  www.riverstation.co.uk

Las Iguanas €–€€
Gute mexikanische Küche. Tgl.
• 113 Whiteladies Road
  Clifton | Bristol BS8 2PB
  Tel: 0117-973 0730
  www.iguanas.co.uk

Nightlife
Lakota
Top-Nachtklub mit prominenten DJs.
• 6 Upper York St. | Bristol BS2 8QN
  0117-9232225
  www.lakota.co.uk

O₂ Academy Bristol
Sehr beliebt und extrem laut! Freitags
heißt das Programm »Ramshackle« mit
Indie Rock 'n' Roll.
• 1–2 Frogmore Street
  Bristol BS1 5NA
  Tel. 0117-9279227
  www.o2academybristol.co.uk

Bath   [C5]

Nicht von ungefähr gilt Bath
(89 000 Einw.) als eine der schönsten Städte Englands, woran die
elegante georgianische Architektur
maßgeblichen Anteil hat. So nahm
die UNESCO die ganze Stadt in ihre
Liste des Weltkulturerbes auf.

Bereits die Römer begründeten
die Tradition der Stadt als Kurort;
aus der Zeit vom 1.–4. Jh. stammen
die **Roman Baths,** durch die täglich
rund 1 Million Liter Wasser mit der
konstanten Temperatur von 46,5 °C
fließen (Nov./Dez., Jan./Feb. 9.30
bis 18, März–Juni, Sept./Okt. 9 bis
17, Juli/Aug. 9–22 Uhr, £ 15, Tel.
01225-477785, www.romanbaths.
co.uk).

Daneben lockt der **Pump Room,**
wo man in eleganter Atmosphäre
bei Musikbegleitung seinen Nach-
mittagstee nehmen kann. Von dem
exklusiven Café hat man einen
schönen Blick auf **Bath Abbey** und
deren reich geschmückte Westfassade. Im Kircheninnern beeindruckt
das prachtvolle Fächergewölbe (Mo
9.30–17.30, Di–Fr 9–17.30, Sa 9–18,
So 13–14.30 und 16.30-17.30 Uhr,
www.bathabbey.org).

John Wood d. Ä. erbaute den
kreisrunden **Circus,** von dem drei
Straßen abzweigen, dazwischen stehen die Häuser im Halbrund. Leider
erlebte er die Fertigstellung seines

Blick auf das römische Bad und
die Abbey in Bath

Lebenswerkes nicht mehr. Sein Sohn beendete das fantastische Ensemble, um dann selbst mit dem **Royal Crescent** ein Meisterwerk zu schaffen. Der 180 m lange, an seiner Fassade von über 100 ionischen Säulen geschmückte, perfekt verlaufende Halbmond wurde zum Vorbild für unzählige Plätze in Großbritannien. In dem Flankenhaus **Royal Crescent No. 1** vermitteln Möbel aus dem 18. Jh. eine gute Vorstellung von der zeittypischen Wohnungseinrichtung (http://no1 royalcrescent.org.uk). Ein weiterer Höhepunkt ist der Blick von den Parade Gardens auf die überdachte, von Geschäften gesäumte **Pulteney Bridge,** die nach Entwürfen des Architekten Robert Adam entstand.

Info

Bath TIC
- Abbey Chambers | Abbey Churchyard
  Bath BA1 1LY
  Tel. 0844-8475257
  www.visitbath.co.uk

Hotels

Queensberry Hotel €€–€€€
Schöne Zimmer, hochklassiges Restaurant, nahe dem Circus.
- Russell Street | Bath BA1 2QF
  Tel. 01225-447928
  www.thequeensberry.co.uk

Brocks B & B €
Georgianisches Haus von 1765 zwischen Circus und Royal Crescent mit komfortablen Zimmern.
- 32 Brock Street | Bath BA1 2LN
  Tel. 01225-338374
  www.brocksguesthouse.co.uk

Restaurants

The Bybrook at the Manor House Hotel €€€
Im wahrsten Sinne des Wortes ausgezeichnete (Michelin-Stern), moderne britische Küche in einem historischen Manor House aus dem 14. Jh.
- Castle Combe
  Bath SN14 7HR
  Tel. 01249-782206
  www.exclusive.co.uk/the-manor-house/restaurants-bars/the-bybrook

Jamie's Italian €–€€
Einfache italienische Küche in kreativem Ambiente bietet das Restaurant des populären englischen Fernsehkochs Jamie Oliver.
- 10 Milsom Place | Bath BA1 1BZ
  Tel. 01225-432340
  www.jamieoliver.com/italian/bath

The Circus Cafe and Restaurant €–€€
Nahe dem Circus speist man moderne britische Küche mit Pfiff zu moderaten Preisen. So Ruhetag.
- 34 Brock Street
  Bath BA1 2LN
  Tel. 01225-466020
  www.thecircuscafeandrestaurant.co.uk

Veranstaltung

Ende Mai bzw. Anfang Juni steigt das **Fringe Festival.** Zum Programm gehören Theater, Kabarett, Kleinkunst, Tanz und Musik (Bath Fringe, 103 Walcot St., Bath BA1 5BW, Tel. 07967-745351, www.fringeartsbath.co.uk).

Stechkahn fahren (Punten) auf dem River Cherwell in Oxford

MITTEL-ENGLAND

Kleine Inspiration

- **Eine der prächtigsten Kathedralen** Englands in Lincoln besichtigen › S. 107
- **Punten auf dem River Cherwell** in Oxford und anschließend die »Schule« von Harry Potter besuchen › S. 108
- **Shakespeare-Sonette rezitieren** in Stratford-upon-Avon › S. 112
- **An einem Dorfbach liegen** und die Sonne genießen in Burton-on-the-Water › S. 112
- **Auf einem Hausboot** mitten in Birmingham übernachten › S. 115

Cambridge und Oxford, die Shakespeare-Stadt Stratford-upon-Avon und südlich davon die herrlichen Cotswold Hills sind die Highlights dieser Region. Für Familienferien ist die Küste East Anglias wie geschaffen.

Mittelengland – im Osten grenzt es an die Nordsee, im Westen an Wales und die Irische See. Die pastorale Landschaft im Osten bietet herrliche Strände und liebliche Seebäder. Im Westen der Region haben Birmingham, Manchester und Liverpool das Image hässlicher Arbeitermetropolen inzwischen abgestreift. Während Worcester und Stoke-on-Trent für hochwertiges Porzellan stehen, fasziniert Stratford-upon-Avon die Shakespeare-Jünger ebenso wie Liverpool die Beatles-Fans. Weitere kulturelle Leuchttürme Mittelenglands sind die altehrwürdigen Universitätsstädte Oxford und Cambridge, während Norwich, Ely oder Lincoln mit ihren wundervollen Kathedralen prunken.

Touren in Mittelengland

Stilles East Anglia

Tour 9

Route: Colchester › Bury St. Edmunds › Lowestoft › Norwich › King's Lynn › Lincoln › Ely › Newmarket › Cambridge

Karte: Seite 97
Dauer: 5–7 Tage
Praktische Hinweise:
- Das Auto ist am praktischsten; Sie sollten den Service *Book a bed ahead* nutzen › S. 30.
- Dienstag vormittags ist Markt in King's Lynn.

Tour-Start:

Startpunkt ist die Stadt **Colchester 7** › S. 102, die sich rühmt, die älteste Stadt Englands zu sein. Doch ähnlich bedeutend für die Geschicke des Landes zeigt sich das malerische **Bury St. Edmunds 4** › S. 101. Nordseeluft gibt's am Sandstrand von **Lowestoft 11** › S. 104 zu schnuppern. Dort bietet sich die Übernachtungspause an – und vielleicht ein Besuch im Vergnügungspark. In **Norwich 12** › S. 105 gibt es Gelegenheit, die Landschaft der Region einmal durch die Augen der Maler des 19. Jhs. zu betrachten. Ist gerade Montag, lohnt es sich, am selben Tag noch bis **King's Lynn 14** › S. 106 weiterzufahren. Dann können Sie den Markt vor der historischen Guildhall am nächsten Vormittag genießen. Etwas nördlich lockt dann Sandringham House › S. 106, der Landsitz der Royals. Anschließend wartet **Lincoln 16** › S. 107 auf

Sie, mit engen Altstadtgassen und einer herrlichen Kathedrale. Die Kathedrale in **Ely** **2** › S. 100 kann mit bunt bemaltem Glas faszinieren, während **Newmarket** **3** › S. 101 Pferdefans begeistern dürfte. Den krönenden Abschluss der Tour bildet die berühmte Universitätsstadt **Cambridge** **1** › S. 98.

Tour 10 Im Westen

Route: Oxford › Blenheim Palace › Gloucester › Worcester › Hereford › Ludlow › Chester › Liverpool › Manchester › Stoke-on-Trent › Nottingham › Birmingham › Warwick › Stratford-upon-Avon

Unterwegs in Mittelengland

Tour **9** Stilles East Anglia

Colchester › Bury St. Edmunds › Lowestoft › Norwich › King's Lynn › Lincoln › Ely › Newmarket › Cambridge

Karte: Seite 117
Dauer: rund 10 Tage
Praktische Hinweise: Auch für diese Tour mit dem Auto empfiehlt sich
der Service *Book a bed ahead* › S. 30.
Denken Sie daran, Karten zu besorgen für eine Shakespeare-Aufführung
in Ludlow (www.ludlow-arts-classi
cal.org.uk) oder in Stratford-upon-
Avon (www.rsc.org.uk).

Tour-Start:

Der erste Tag ist der Universitätsstadt **Oxford** 17 › S. 108 gewidmet,
deren College-Prachtbauten auch
architektonisch überzeugen. Einmal wenigstens »punten« auf dem
River Cherwell, und weiter geht's
am nächsten Tag zu einem barocken
Herrenhaus der Superlative: nach
Blenheim Palace 18 › S. 111, wo
Winston Churchill das Licht der
Welt erblickte. Die drei Städte
Gloucester 23 › S. 116, **Worcester** 24
› S. 116 und **Hereford** 25 › S. 117
strahlen auch heute noch mittelalterliches Flair aus und beeindrucken zudem jeweils mit einer herausragenden Kathedrale. Spätestens

hier sollten Sie eine Übernachtungspause einplanen. Ende Juni/
Anfang Juli lädt **Ludlow** 26 › S. 118
zum Ludlow Arts Classical Festival
ein, während das charmante **Chester** 29 › S. 119 nicht nur mit seinen
besonderen Fachwerkhäusern zu
einer Reise in die Vergangenheit
entführt. In der Hafenmetropole
und europäischen Kulturhauptstadt
2008 **Liverpool** 30 › S. 120 trifft das
Gestern auf das Morgen. In der
Heimat der Beatles kann man gut
einen Tag verbringen. Gleiches gilt
für die pulsierende Metropole **Manchester** 31 › S. 123. **Stoke-on-Trent**
33 › S. 125 wiederum steht ganz im
Zeichen namhafter Porzellan-Ma-
nufakturen, während **Nottingham**
34 › S. 125 beharrlich die Legenden
Robin Hoods am Leben erhält. Mit
Birmingham 22 › S. 115 präsentiert
sich Englands zweite Millionenstadt
neben London modern und attraktiv. Die Weiterfahrt nach **Warwick** 21 › S. 114 kommt danach einer Zeitreise ins Mittelalter gleich.
Abschließender Höhepunkt ist
Stratford-upon-Avon 20 › S. 112, das
ganz im Zeichen des großen Dichters William Shakespeare steht.

Unterwegs in Mittelengland

Cambridge 1 ⭐ [E4]

Wie die Überlieferung berichtet,
wurden Studenten Anfang des
13. Jhs. von der universitätsfeind-
lichen Bevölkerung Oxfords ver-
trieben und flohen in das Markt-

städtchen Cambridge (128 000
Einw.). 1284 wurde mit **Peterhouse**
das erste von nun 31 Colleges eröffnet. Hauptfach war früher natürlich
die Theologie. Um 1510 lehrte der
große Humanist Erasmus von Rotterdam in Cambridge, ein Jahrhun-

Heinrich VIII. gründete Trinity College im Jahr 1546

dert später arbeitete der für die Naturwissenschaften so bedeutende Isaac Newton hier.

Einen ersten Eindruck bekommt man bei einem Spaziergang entlang des River Cam, von wo sich Einblicke in die *backs,* die Hinterhöfe der Colleges, bieten.

Das prächtigste ist das **King's College** von 1441. Mit der herrlichen **King's College Chapel** erreichte der *Perpendicular Style* seinen Höhepunkt. Filigrane Fächergewölbe und farbenprächtige Glasfenster (16. Jh.) tragen zur Würde des Kirchenraumes bei. Das Gemälde über dem Altar schuf Peter Paul Rubens.

Trinity College, gegründet 1546, ist v. a. wegen seiner Bibliothek von Christopher Wren bekannt. Die Hauptattraktion im **St. John's College** ist die der Seufzerbrücke in Venedig nachempfundene **Bridge of Sighs,** die den Cam überspannt. Zum **Queen's College** gehört die so-

genannte **Mathematical Bridge,** die angeblich ohne einen einzigen Nagel errichtet worden sein soll!

Aus einer Schenkung an die Universität ging das **Fitzwilliam Museum** hervor. Es zeigt vor allem französische Impressionisten sowie ägyptische, griechische und ostasiatische Kunstwerke (Di–Sa 10–17, So 12 bis 17 Uhr). Moderne Kunst findet man in der **Kettle's Yard Gallery** (derzeit wegen Umbau geschl., www.kettles yard.co.uk). Archäologische und ethnologische Exponate präsentiert das **Museum of Archaeology and Anthropology** (Di–Sa 10.30–16.30, So 12–16.30 Uhr, Eintritt frei). Der Erforschung des Südpols widmet sich das **Polar Museum** (Di–Sa 10 bis 16 Uhr, Eintritt frei).

Round church wird die kreisrunde **Church of the Holy Sepulchre** genannt. In England gibt es nur noch vier weitere derart ungewöhnlich gestaltete Kirchen.

Stechkahn fahren (»Punten«) auf dem River Cam gehört mit zu einem Besuch in Cambridge. Wie auch in Oxford staken Bötchenfahrer einem venezianischen Gondoliere gleich das Gefährt voran.

Infos

Cambridge Visitor Information Centre

- Peas Hill | Cambridge CB2 3AD
  Tel. 01223-791500
  www.visitcambridge.org

Infos zu den Colleges, zur Universität Cambridge und den genannten Museen:
www.cam.ac.uk

Hotels

Lensfield Hotel €€

Zentral gelegenes, freundliches Hotel in einem Gebäude aus viktorianischer Zeit. Gemütliche Zimmer und reichhaltiges Frühstück.

- 53 Lensfield Road
  Cambridge CB2 1EN
  Tel. 01223-355017
  www.lensfieldhotel.co.uk

Brooklands Guest House €

Sehr gut eingerichtetes, freundliches B & B; auch vegetarisches Frühstück. 20 Minuten Fußweg ins Zentrum.

- 95 Cherry Hinton Road
  Cambridge CB1 7BS
  Tel. 01223-242035
  www.brooklandsguesthouse.co.uk

Restaurants

Restaurant 22 €€€

Exzellentes Restaurant mit großer Weinkarte. So/Mo Ruhetag.

- 22 Chesterton Road

Cambridge CB4 3AX
Tel. 01223-351880
www.restaurant22.co.uk

Browns Bar & Brasserie €€

Britische Küche und italienische Pasta in edwardianischem Ambiente. Tgl.

- 23 Trumpington Street
  Cambridge CB2 1QA
  Tel. 01223-461655
  www.browns-restaurants.co.uk

Pubs

Free Press €–€€

Gemütlicher, 120 Jahre alter Pub.

- Prospect Row | Cambridge CB1 1DU
  Tel. 01223-368337
  www.freepresspub.com

The Portland Arms €€

Jeden Abend live: von Rock bis Jazz.

- 129 Chesterton Road
  Cambridge CB4 3 BA
  Tel. 01223-357268
  www.theportlandarms.co.uk

Ely **2** [E4]

Die Sehenswürdigkeit in Ely (20 000 Einw.) ist die **Kathedrale** ⭐ von 1351. Faszinierend ist, wenn Sonnenlicht durch die Glasfenster der oktogonalen *lantern* über der Vierung ins Halbdunkel fällt, sodass ein mächtiger heller Strahl entsteht. Diese **!** architektonische Besonderheit ist einmalig in der englischen Kathedralgotik! (Sommer tgl. 7 bis 18.30 Uhr, Winter Mo–Sa 7–18.30, So 7–17.30 Uhr). Sehenswert ist auch das **Museum of Stained Glasses** direkt im Kathedralgebäude mit mittelalterlichen Glasmalereien.

Info

Tourist Information Centre

• Oliver Cromwell's House
29 St. Mary's Street | Ely CB7 4HF
Tel. 01353-662062
www.visitely.org.uk

Newmarket 3 [E4]

Wer edle Rennpferde liebt, ist hier richtig! Rings um die Kleinstadt (15 000 Einw.) liegen weite Trainingsfelder, auf denen Jockeys mit den Vollblütern arbeiten. Seit 1147 werden in Newmarket Pferderennen ausgetragen (www.newmarketracecourses.co.uk). Einmalig in Großbritannien ist das **National Horse Racing Museum,** das auch Führungen zu den Gestüten und zum Jockey Club bietet (März–Dez. Mo–Sa 10–17, So bis 16 Uhr, www.palacehousenewmarket.co.uk).

Bury St. Edmunds 4 [F4]

Ihren Namen verdankt die Stadt (40 000 Einw.) der Grablege des Königs Edmund, der 870 beim Kampf gegen die Dänen den Tod fand und später heilig gesprochen wurde. Sein Schrein wurde in die Abteikirche **St. Edmundsbury** überführt und zog im Mittelalter große Pilgerscharen an. Hohe Adlige schmiedeten in derselben Kirche 1214 ein Komplott gegen König Johann Ohneland. Dieser war daraufhin ein Jahr später gezwungen, die berühmte Magna Charta zu unterschreiben, die die Rechte der Stände sicherte.

Blick auf die Kathedrale von Ely

Von der einst reichen Abteikirche sind nur noch Reste übrig. Das Gelände wurde zu einem üppigen Park gestaltet, in dem die Ruinen aber überaus malerisch wirken.

Sehenswert sind daneben die **Kathedrale** mit ihrer viktorianischen Stichbalkendecke, die normannische **Moyse's Hall** am Marktplatz und ferner das **Manor House**.

Restaurant

Maison Bleue at Mortimers €€
Ausgezeichnetes Seafood-Restaurant, dezent nobel. So/Mo Ruhetag.

• 30/31 Churchgate Street
Bury St. Edmunds IP33 1RG
Tel. 01284-760623
www.maisonbleue.co.uk

Pub

Nutshell Pub €
Noch winziger ist wohl kein Pub in ganz Großbritannien.

• 17 Traverse
Bury St. Edmunds IP33 1BJ
Tel. 01284-764867
www.thenutshellpub.co.uk

Lavenham 5 [F5]

Der Wollhandel brachte den Bewohnern des Ortes (1700 Einw.) im 14. Jh. einigen Wohlstand, von dem die rund 300 denkmalgeschützten Fachwerkhäuser noch heute zeugen. Besonders schön sind das Dorfhotel **The Swan** und die beiden anheimelnden Pubs The Greyhound und The Cock. Wahrzeichen ist die weithin sichtbare **Church of St Peter and Paul** (1444–1525), auf einem Hügel am Ortsrand gelegen.

Restaurant

Great House €€
Preisgekröntes Hotelrestaurant mit feiner französischer Küche, auch vegetarische Gerichte. So/Mo Ruhetag.
• Market Place | Lavenham CO10 9QZ
  Tel. 01787-247431
  www.greathouse.co.uk

Sudbury 6 [F5]

Die Stadt (13 000 Einw.) war im Mittelalter ein Marktort, Zentrum des Wollhandels und der Seidenweberei. An jene Zeit erinnern die vielen schwarzweißen Fachwerkhäuser unterhalb des Market Hill sowie die drei prachtvollen gotischen Kirchen, v. a. **Church of St. Gregory.**

Sudburys großer Sohn ist der Maler Thomas Gainsborough. Mehrere seiner Bilder und Memorabilia des Meisters stilvoller Porträts, stiller Landschafts- und typischer Genrebilder zeigt das **Gainsborough's House**, in dem er geboren wurde (Mo–Sa 10–17 Uhr, www.gainsborough.org).

Hotel

The Olde Bull Hotel €
Familiengeführtes Hotel mit viel Charakter in einem Haus aus dem 16. Jh.
• Church Street | Sudbury CO10 2BL
  Tel. 01787-374120
  http://theoldebullhotel.weebly.com

Colchester 7 [F5]

Am Ortseingang verkündet ein Schild, dass die Stadt (121 000 Einw.) die älteste in ganz England ist. Ihre Geschichte reicht bis ins 5. Jh. v. Chr. zurück. Die Römer bauten Colchester zu einer Garnisonsstadt aus, die um das Jahr 60 n. Chr. bei dem Aufstand der keltischen Icener unter Führung ihrer legendären Königin Boudicca (Boadicea) zerstört wurde. Doch die Besatzer blieben noch bis 367.

In der größten erhaltenen normannischen Burg Europas, **Colchester Castle** (Mo–Sa 10–17, So 11 bis 17 Uhr), präsentiert ein Museum die Geschichte der Stadt. Danach lohnt ein Spaziergang entlang der 2,75 m starken, hervorragend erhaltenen römischen Stadtmauer. Eindrucksvoll ist das **Balkerne Gate.**

Info

Visitor Information Centre
• Hollytrees Museum | Castle Park
  Colchester CO1 1UG | Tel. 01206-282920 | www.visitcolchester.com

Hotel

The George Hotel and Brasserie €€
Schönes altes Hotel mit 47 großzügigen, individuellen Zimmern; exzellente englische und internationale Küche.

• 116 High St.
Colchester CO1 1TD
Tel. 01206-578494
www.thegeorgehotelcolchester.co.uk

Restaurants

The Parliament Restaurant €–€€
Wo einst Oliver Cromwell sein Parlament einberief, gibt es gute englische Küche und passende Weine. Tgl.

• Brook Red Lion Hotel | High Street
Colchester CO1 1DJ
Tel. 01206-577986

The Peldon Rose €–€€
Rustikale Bar und gutes Restaurant in einem 600 Jahre alten Gemäuer. Tgl.

• Colchester Road | Colchester CO5 7QJ
Tel. 01206-735248
www.thepeldonrose.co.uk

Dedham 8 [F5]

In dem besonders hübschen kleinen Dorf am River Stour spazieren manchmal Enten durch das Zentrum. Englands berühmter Landschaftsmaler John Constable wurde 1776 im nahen East Bergholt geboren. 4 km flussaufwärts von Dedham liegt **Flatford Mill,** die Mühle seines Vaters, wo Constable eines seiner bekanntesten Bilder, »The Haywain« (hängt heute in der National Gallery in London), malte. Im **Bridge Cottage** (Tel. 01206-298260) ist ihm eine Ausstellung gewidmet.

Aldeburgh 9 [F4]

Benjamin Britten bezog in Aldeburgh (2500 Einw.) in den 1940er-Jahren ein Sommerhaus und rief

Das gesamte Tal des Stour, Dedham Vale, heißt auch Constable Country

1948 ein Musikfestival ins Leben, das dem Ort im Juni einen Hauch von Internationalität verleiht. Heute findet das Festival in den restaurierten Malzhäusern von Snape Malting, etwa 4 km außerhalb von Aldeburgh, statt (Tel. 01728-687100, www.aldeburgh.co.uk).

Weitere renommierte Veranstaltungen sind die »Proms Season« im August und das »Britten Festival« Ende Oktober.

Hotels

The White Lion Hotel €€
Aldeburghs ältestes Hotel (1563) bietet modernen Komfort direkt am Wasser.

• Market Cross Place
Aldeburgh IP15 5BJ
Tel. 01728-452720
www.whitelion.co.uk

Dunan House €
Gemütliches, ruhiges B & B. Die Zimmer blicken auf den herrlichen Garten.

• 41 Park Road | Aldeburgh IP15 5EN
Tel. 01728-452486
www.dunanhouse.co.uk

Dunwich 🔟 [F4]

Man mag kaum glauben, dass der winzige Ort (180 Einw.) im 12. Jh. als Hauptstadt East Anglias einst Reichtum besaß. Das Meer hat Dunwich verschlungen. All Saints, die letzte der zwölf Stadtkirchen, stürzte 1919 in die See – bei Ebbe sieht man noch die Schatten unter Wasser! Und immer weiter nagt die Brandung am Land. Im letzten verbliebenen Pub, »The Ship Inn«, erinnern alte Karten und Drucke an die Vergangenheit.

Hotel & Pub
The Ship Inn €€
Klein, aber fein, mit exzellenter Küche.
• Dunwich | Saxmundham IP17 3DT
  Tel. 01728-648219
  www.shipatdunwich.co.uk

! Erst-klassig

Englands Strandschönheiten
....
• Landschaftlich sehr reizvoll ist der Nordseestrand hoch oben im Norden bei **Bamburgh,** beliebt bei Strandgängern und Surfern. › S. 143
• Mit einsamer Dünenlandschaft lädt der Strand auf **Holy Island** zu Spaziergängen ein. › S. 143
• Königlichen Touch genießt der Strand von **Holkham** in Norfolk. Queen Elizabeth II führt hier gerne ihre Cogis spazieren, wenn sie in **Sandringham** › S. 106 weilt. Bei Blankeney gibt es Seehunde.
• Statt Sand findet man Kiesel in **Ringstead Bay,** rund 8 km westlich von **Weymouth** › S. 78. Doch kann man hier Fossilien finden, und Schnorchler erfreuen sich an überraschend farbigen Fischbeständen.
• Hoch in der Gunst von Malern steht **Lamorna Cove** unweit von Trewoofe bei **Penzance** › S. 87. Sand ist hier Mangelware. Vornehmlich Granit prägt die malerische Bucht.

Lowestoft 11 [F4]

Im Gegensatz zu den Kieselstränden entlang der Küste von East Anglia besitzt Lowestoft (71 000 Einw.) einen weißen Sandstrand. Auf dem langen **Pier** ziehen Leisure Centre und Fun Palace den Badegästen das Geld in Spielhallen aus der Tasche.

Im Hafen schwenkt eine breite Hebebrücke mehrmals am Tag ihre beiden Hälften in die Luft, um jene großen Schiffe in den inneren Hafen einfahren zu lassen, die von Lowestoft aus die Ölplattformen in der südlichen Nordsee versorgen. Wen Freizeitgestaltung organisierter Art lockt, der ist im Vergnügungspark **Pleasurewood Hills** richtig (Tel. 0152-586000, www.pleasurewoodhills.com).

Hotel
The Sandcastle €
Angenehmes B & B. Unter den 4 Zimmern gibt es auch Familienzimmer mit Blick auf Strand und Meer.
• 35 Marine Par. | Lowestoft NR33 0QN
  Tel. 01502-511799
  www.thesandcastle.co.uk

Quayside und River Wensum in Norwich

Norwich 12 ⭐ [F4]

Auf den ersten Blick erscheint die Stadt (140 000 Einw.) recht verwirrend, denn ihr fehlen Orientierungspunkte wie ein zentraler Platz. Doch ein erster Anlaufpunkt könnte sein: Vor der Kulisse historischer Giebelhäuser, der **Guildhall**, des Rathauses und **St. Peter Mancroft** werden auf ❗ Großbritanniens größtem Markt Obst, Gemüse, Textilien u. v. m feilgeboten (Mo–Sa, www.norwich-market.org.uk).

Durch kleine Seitenstraßen ist danach schnell die normannische Burg erreicht, in der das **Castle Museum** viele Werke der im frühen 19. Jh. so beliebten Norwich School für Landschaftsmalerei zeigt (Mo bis Sa 10–16.30, So 13–16.30 Uhr, www.museums.norfolk.gov.uk). Die **Kathedrale** datiert ebenfalls aus normannischer Zeit (tgl. 7.30 bis 18.30 Uhr).

Am westlichen Stadtrand entstand 1961 die **University of East Anglia**. Der Stararchitekt Sir Norman Foster entwarf für die Uni das architektonisch gelungene **Sainsbury Centre for Visual Arts,** in dem moderne Kunst (u. a. Picasso, Henry Moore) mit ägyptischen Werken und Maya-Exponaten kontrastieren (Di–Fr 10–18, Sa/So bis 17 Uhr, Eintritt frei, www.scva.ac.uk).

Hotels

Georgian Town House €€
❗ Schickes kleineres Hotel in georgianischem Haus im Zentrum.
• 30–34 Unthank Road
Norwich NR2 2RB
Tel. 01603-615655
www.thegeorgiantownhouse
norwich.com

Beeches Hotel & Victorian Gardens €
Gut 40 schöne Zimmer im viktorianischen Herrenhaus mit großem Park.
• 2–6 Earlham Rd.
Norwich NR2 3DB
Tel. 01603-621167
www.beecheshotelnorwich.co.uk

Restaurant

Brummells Restaurant €€€

Hervorragender Fisch und Wein.

- 7 Magdalen St. | Norwich NR3 1LE
  Tel. 01603-625555
  www.brummells.co.uk

Pub

The Adam & Eve €

Ältester Pub der Stadt (1249), gutes *pub grub* zu moderaten Preisen.

- 17 Bishopgate | Norwich NR3 1RZ
  Tel. 01603-667423

Ausflug Norfolk Broads 13 ⭐ [F4]

Die Norfolk Broads etwas nördlich von Norwich entstanden im 14. Jh., als nach intensivem Torfabbau die Landschaft überflutet wurde. Das weite Feuchtgebiet umfasst 52 Seen sowie die Flüsse Ant, Bure, Thurne, Waveney und Yare. Viele der Seen sind durch die Wasserstraßen miteinander verbunden, so dass man mit einem Kabinenboot über 200 km in den Broads zurücklegen kann, ohne Schleusenmanöver vollführen zu müssen. Zum Ausleihen der Boote für so eine herrliche Flusstour braucht man keinerlei Führerschein vorzuweisen.

Meiden Sie zum Schutz der Natur die ökologisch besonders sensiblen Schilfgebiete, denn die Broads als Feuchtbiotop sind durch den Tourismus stark geschädigt! Gut 1100 ha Sumpf- und Marschland stehen auch unter Naturschutz und bieten unzähligen Vogelarten Lebensraum.

Info

Broads Authority

- Yare House | 62–64 Thorpe Road
  Norwich NR1 1RY
  Tel. 01603-610734
  www.broads-authority.gov.uk

King's Lynn 14 [E4]

An der Mündung des River Ouse in die Nordseebucht »The Wash« liegt die einstige Bischofs- und Hansestadt (43 000 Einw.). Im Zuge der Reformation kassierte Heinrich VIII. das bischöfliche Anwesen, gestand den Bürgern aber im Gegenzug einen weiteren Markttag zu. Noch heute wird am Samstagsmarkt (8.30 bis 15 Uhr) vor dem Rathaus ge- und verkauft, ein Dienstagsmarkt (8.30–15.30 Uhr) findet an der St. George's Guildhall – die älteste ihrer Art in ganz England – statt.

Im **Old Goal House,** dem ehemaligen Gefängnis, lässt sich der Umgang mit Kriminellen in vergangenen Jahrhunderten nachvollziehen, während in der **Guildhall** die Schätze der Stadt zu bestaunen sind.

Etwas nördlich der Stadt verbringt die Queen mit ihrer Familie die Weihnachtstage auf dem königlichen Landsitz **Sandringham House,** inmitten eines schönen Parks gelegen (Haus April–Sept. tgl. 11–16.30, Okt bis 15.30 Uhr; Garten tgl. 10.30 bis 18, Okt bis 17 Uhr, www.sandringhamestate.co.uk).

Info

King's Lynn TIC

- Custom House | Purfleet Quay
  King's Lynn PE30 1HP

Tel. 01553-763044
www.visitwestnorfolk.com

Hotel

Duke's Head Hotel €–€€
Hotel in klassizistischem Gebäude in der
Altstadt direkt am Platz, wo der Dienstagsmarkt stattfindet.
- 5–6 Tuesday Market Place
  K. Lynn PE30 1JS | Tel. 01553-774996
  www.dukesheadhotel.com

Boston 15 [E4]

Der Stadt (67 000 Einw.) sieht man
schon lange nicht mehr an, dass sie
im Mittelalter ein bedeutender Hafen war. In der **Guildhall** aus dem
Jahre 1450 waren puritanische Pil-
gerväter inhaftiert, bis sie die Er-
laubnis zur Auswanderung erhiel-
ten. 1620 segelten sie an die Küste
von Massachusetts und gründeten
dort die Stadt Boston.

Die Kirche **St. Botolph** (Mo–Sa
8.30–16, So 7.30–16 Uhr) in beinahe lupenreinem *Decorated Style*
war einmal eine der größten Pfarr-
kirchen in ganz England. Ihr fast
90 m hoher Turm, **The Boston
Stump,** war in früheren Tagen ein
Orientierungspunkt für Reisende.

Schönstes Gebäude der Stadt ist
das reich dekorierte **Fydell House**
von 1726, sehenswert ist auch die
voll funktionsfähige siebenstöckige
Windmühle **Maud Foster** von 1819.

Lincoln 16 ⭐ [E3]

Hoch über die sympathische alte
Stadt (93 000 Einw.) erheben sich
die drei reich geschmückten Türme
einer der prachtvollsten **Kathedralen** Englands im *Early English* und
Decorated Style. Besonders der En-
gelschor ist sehenswert (Mo–Sa
7.15–18, So bis 17, Juli/Aug. Mo–Fr
7.15–20, Sa/So bis 18 Uhr).

Schmale Altstadtgassen führen
steil hinauf zur Kathedrale und zum
Lincoln Castle (April-Sept. tgl. 10 bis
17.30, Okt.–März 10–16 Uhr). Die
beiden schönsten Altstadthäuser,
die von der großen Bedeutung der
jüdischen Gemeinde im 12. Jh.
Zeugnis ablegen, sind wohl das
House of Aaron und das **Jew's House**.

Info

Visitor Information Centre
- 9 Castle Hill | Lincoln LN1 3AA
  Tel. 01522-545458
  www.visitlincolnshire.com

Erhabenheit besitzt Lincolns Kathedrale

Restaurant

The Jew's House €€

Im Jew's House aus dem 12. Jh. verwöhnt heute ein sehr gutes Restaurant
mit klassischer englischer Küche.

• 15 The Strait | Lincoln LN2 1JD
  Tel. 01522-524851
  www.jewshouserestaurant.co.uk

Oxford 17 ★ [D5]

Die Unistadt (158 000 Einw.) präsentiert sich quirlig und weltoffen
zwischen all den altehrwürdigen
Gemäuern. Niemand wird sich dem
Charme entziehen können, auch
wenn viele Colleges nur während
der Ferien von innen zu besichtigen
sind. **50 Dinge** ⑧ › **S. 13.** Alle 39
Colleges gehören zur **Universität.**
Um einen Überblick zu bekommen,

Das Christ Church College in Oxford

sollte man die 99 Treppen auf den
Carfax Tower Ⓐ steigen und das Panorama genießen (April–Sept. tgl.
10–17.30, Okt. bis 16.30, Nov.–Feb.
10–15, März bis 16 Uhr). Der gelb-
liche Kalkstein stammt aus dem
Umland und ist, wie die Türme und
Kuppeln der Colleges und Kirchen,
ein Charakteristikum von Oxford.
Ganz in der Nähe stellt das **Museum
of Oxford** Ⓑ ausführlich die Geschichte der Stadt vor (Mo–Sa 10 bis
17 Uhr, Eintritt frei, www.oxford.
gov.uk/museumofoxford).

Südlich des Carfax Tower, an der
St. Aldates Street, erstreckt sich die
lange Fassade von **Christ Church** Ⓒ
★, dem größten College Oxfords
– zudem »Schule« von Harry Potter.
Der gewaltige Torturm **Tom Tower,**
benannt nach der 7 t schweren Glo-
cke »Great Tom«, stammt von
Christopher Wren. Universitätskirche und Hauptgotteshaus der Stadt
ist die normannische **Christ Church
Cathedral** Ⓓ.

An Kathedrale und College
schließen sich die Christchurch
Meadows an, die hinunter zum
River Cherwell führen, sie sind ein
beliebter Treffpunkt. Zeitgenössi-
scher Malerei, Bildhauerei, Foto-
grafie, Film- und Videokunst bietet
das **Museum of Modern Art** Ⓔ ein
Forum (Di–Sa 11–18, Sa 12–17 Uhr,
Eintritt frei, www.modernartoxford.
org.uk).

Südlich der High Street ragt
gleich neben der Universitätskirche
St. Mary the Virgin Ⓕ das run-
de, ⓘ kuppelgekrönte Bibliotheks-
gebäude **Radcliffe Camera** Ⓖ ★
auf, das als Lesesaal der **Bodleian**

Library ⓗ ★ dient. Sie ist mit über 6 Millionen Bänden eine der bedeutendsten Bibliotheken der Welt (Mo bis Fr 9–22, Sa 10–16, So 11–17 Uhr, www.bodleian.ox.ac.uk). Ein Meisterwerk von Christopher Wren ist das **Sheldonian Theatre ⓘ ★**, zu dem ihn das Marcellus-Theater in Rom inspirierte (Feb.–Nov. Mo–Sa 10–16.30, Mai–Sept. auch So 10 bis 16.30, Nov.–Jan. Mo–Sa 10–15 Uhr).

Das **Merton College ⓙ** von 1264 lieferte das architektonische Vorbild für alle anderen Colleges in Oxford und Cambridge. Hier wohnten und arbeiteten auch zum ersten Mal Studenten und Professoren unter einem Dach. Den besten Blick auf die mittelalterliche Architektur hat man im Mob Quad, dem Innenhof.

Nördlich der High Street liegen das **Queen's College ⓚ** von 1340, das im 17. und 18. Jh. von den beiden kongenialen Architekten Christopher Wren und Nicholas Hawksmoor neu gestaltet wurde, ferner

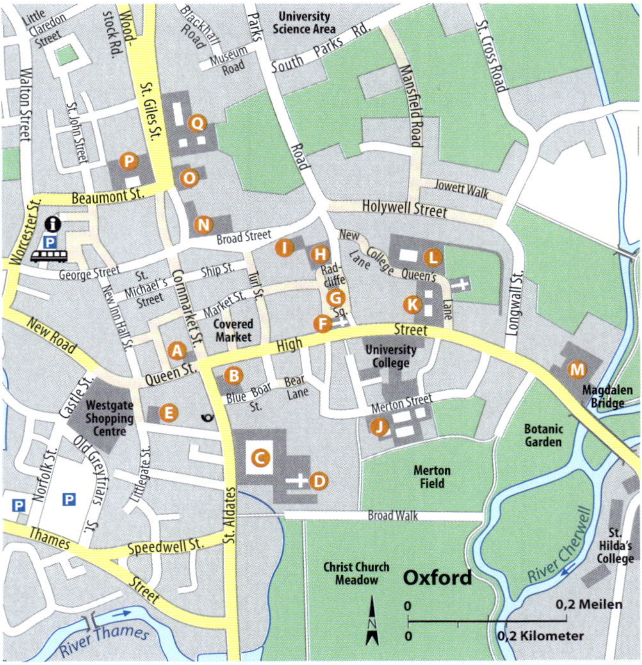

Ⓐ Carfax Tower	Ⓖ Radcliffe Camera
Ⓑ Museum of Oxford	Ⓗ Bodleian Library
Ⓒ Christ Church	Ⓘ Sheldonian Theatre
Ⓓ Christ Church Cathedral	Ⓙ Merton College
Ⓔ Museum of Modern Art	Ⓚ Queen's College
Ⓕ St. Mary the Virgin	Ⓛ New College
Ⓜ Magdalen College	
Ⓝ Balliol	
Ⓞ Trinity College	
Ⓟ Ashmolean Museum	
Ⓠ St. John's	

Blick auf die Kuppel der Radcliffe Camera und die Dächer von Oxford

das **New College** Ⓛ aus dem Jahre 1379 mit schöner Kapelle, Kreuzgang und Garten.

![Erst-klassig]

Englisches Flair gratis
·····································

- Beeindruckend und dazu kostenlos ist der **Evensong** in Westminster Abbey werktags um 17, samstags um 15 Uhr. › S. 50
- **»Another Place«** von Antony Gormley bei Liverpool: 100 Figuren stehen über eine Länge von 3 km am Crosby Beach. Infos: Albert Dock Visitor Centre. › S. 122
- Im **Museum of Oxford** kann man sich gratis über die Geschichte der berühmten Universitätsstadt informieren. › S. 108
- In der **Biscuit Factory** können Sie wie in einem großen Kaufhaus Gegenwartskunst in all ihren Facetten bestaunen. Nur kaufen kostet… › S. 42

Am River Cherwell wurde das prachtvollste College in Oxford, das **Magdalen College** Ⓜ ⭐, erbaut, dessen hoher Glockenturm zusammen mit der **Magdalen Bridge** das Wahrzeichen der Stadt ist. Im College selbst ist die Great Hall mit ihrer prächtigen Eichenvertäfelung und vielen Porträts sehenswert. Hier studierten z. B. die Schriftsteller Oscar Wilde und Joseph Addison. Ein ganz besonderes Erlebnis ist die Abendandacht (»evensong«) mit dem berühmten Chor in der Kapelle des Magdalen College.

Nördlich der Broad Street liegen **Balliol** Ⓝ, traditionell das College der Linken, und **Trinity College** Ⓞ, erste Wahl der Konservativen.

Das **Ashmolean Museum** Ⓟ ⭐, Oxfords Schatzhaus, hütet eine hervorragende Kunst- und Antikensammlung (Di–So 10–17 Uhr, Eintritt frei, www.ashmolean.org). Gegenüber lohnt ein Blick in den schönen Hof von **St. John's** Ⓠ, dem reichsten College der Stadt.

Info

Oxford Information Centre
- 15–16 Broad St. | Oxford OX1 3AS
  Tel. 01865-686430
  http://experienceoxfordshire.org

Hotels

Old Parsonage Hotel €€€
Gemütlich und geschmackvoll in einem Haus vom 17. Jh. im Zentrum.
- 1 Banbury Road | Oxford OX2 6NN
  Tel. 01865-310210
  www.oldparsonage-hotel.co.uk

Remont Oxford Hotel €–€€
Minimalistisches Boutique-Hotel, 3 km vom Zentrum mit Garten.
- 367 Banbury Road | Summertown
  Oxford OX2 7PL | Tel. 01865-311020
  www.remont-oxford.co.uk

Gables €
Freundliches B & B mit eigenem Garten westlich des Zentrums.
- 6 Cumnor Hill | Oxford OX2 9HA
  Tel. 01865-862153
  www.gables-guesthouse.co.uk

Restaurants

Chiang Mai Kitchen €€
Köstliche thailändische Gerichte in historischem Ambiente. Tgl.
- 130a High Street | Oxford OX1 4DH
  Tel. 01865-202233
  www.chiangmaikitchen.co.uk

Gees Restaurant €€–€€€
Stilvolles Restaurant nördlich des Zentrums, in einem alten Gewächshaus. Kreative Regionalküche, So Jazz.
- 61 Banbury Road | Oxford OX2 6PE
  Tel. 01865-553540
  www.gees-restaurant.co.uk

Freud Café €
Pizza, Salate und Sandwiches in einer neoklassizistischen Kirche. Tgl.
- 119 Walton Street | Oxford OX2 6AH
  Tel. 01865-311171 | http://freud.eu

Pubs

Turf Tavern €
Versteckter, preisgekrönter Pub.
- 4–5 Bath Place | Holywell St.
  Oxford OX1 3SU | Tel. 01865-243235
  www.turftavern-oxford.co.uk

Old Tom €
Bei Studenten beliebter Pub.
- 101 St. Aldates | Oxford OX1 1BT
  Tel. 01865-243034

Shopping
- Der **Covered Market** am Market Square **!** verführt mit Köstlichkeiten sowie Mode, Büchern und Souvenirs.
- 1879 eröffnete **Blackwell's Bookshop,** der rund 250 000 Titel führt (50 Broad St., Oxford OX1 3BQ www.bookshop.blackwell.co.uk).

Nightlife

The Spin @ The Wheatsheaf
Donnerstags feinster Livejazz.
- 129 High St. | Oxford OX1 4DF
  Tel. 01865-721156 | http://spinjazz.net

Ausflüge

Blenheim Palace 18 ⭐ 8 [D5]

1704 schlugen die englischen Truppen von John Churchill, Herzog von Marlborough, im spanischen Erbfolgekrieg die französische Armee beim deutschen Örtchen Blindheim so vernichtend, dass Queen Anne dem Feldherrn auf den königlichen Latifundien von Woodstock, knapp 16 km nordwestlich von Oxford, einen Palast erbauen ließ. In Unkenntnis der exakten Aussprache des Schlachtortes wurde das mit seinen 30 000 m² beeindruckende Anwesen Blenheim Palace genannt.

John Vanbrugh und Nicholas Hawksmoor waren die Architekten und der fähigste Landschaftsarchitekt jener Tage, Capability Brown, legte den Park an. 1874 kam Winston Churchill in Blenheim zur Welt, der große Premierminister (1940–1945, 1951–1955) und angesehene Schriftsteller (Literaturnobelpreis 1953). Eine ganze Reihe von Veranstaltungen wie zum Beispiel Musikfestivals macht das Anwesen zusätzlich attraktiv (Palast tgl. 10.30–16.30 Uhr; Gärten tgl. 10 bis 16 Uhr, £ 24,90, www.blenheim palace.com).

Cotswold Hills ⭐ [D5]

In dieser schönen Hügelkette ca. 50 km westlich von Oxford, entspringt die Themse, hier noch eine sumpfige Senke. Wer gut zu Fuß ist, kann auf dem **Thames Path** 295 km von der Quelle bis nach London wandern (www.nationaltrail.co.uk/thames-path).

Wunderschön ist **Burton-on-the-Water**. An warmen Sommerwochenenden lagern Tausende von Ausflüglern an den grün bewachsenen Ufern der Dorfbäche.

Leise murmelnde Bäche plätschern durch das liebliche **Lower Slaughter** 19 [D5], ein weiteres Bilderbuchdorf in den Cotswolds.

Mit seinem mittelalterlichen Marktkreuz, den mit Schindeln aus Stein gedeckten Fachwerkhäusern und dem ältesten Gasthaus Großbritanniens, »The Royalist Hotel« aus dem Jahr 974, ist **Stow-on-the-Wold** ein beliebtes Ziel, das auch wegen seiner zahlreichen Antiquitätengeschäfte einen Besuch lohnt. **50 Dinge** ㉝ › **S. 16**.

William Morris nannte **Bibury** weiter südlich das schönste Dorf der Cotswolds. Spuren seiner Arts- and Crafts-Bewegung finden sich in der Region zahlreich.

Info

Stow-on-the-Wold & Cotswolds TIC
• 12 Talbot Court | Stow-on-the-Wold GL54 1BQ | Tel. 01451-870150 www.go-stow.co.uk www.cotswolds.com

Hotel & Restaurant

Lower Slaughter Manor €€€
Ein echtes Nobelhotel. Sein Restaurant bietet wahre Gaumenfreuden.
• Lower Slaughter GL54 2HP Tel. 01451-820456 www.lowerslaughter.co.uk

Stratford-upon-Avon 20 ⭐ [D4]

Trotz vieler Touristen ist Stratford (27 500 Einw.) eine sympathische Stadt am Ufer des River Avon. Eine Attraktion ist das elisabethanische Fachwerkhaus **Shakespeare's Birthplace** in der Henley Street (20. März bis 29. Okt tgl. 9–17, 31. Okt. bis 19. März tgl. 10–16 Uhr).

Das Royal Shakespeare Theatre in Stratford-upon-Avon

Sämtliche Shakespearestätten in Stratford betreut der Shakespeare Birthplace Trust. Er bietet ein **Five-House-Ticket** für Birthplace, New Place und Hall's Croft – das Haus, in dem Shakespeares Tochter Susanna mit ihrem Mann lebte – sowie Anne Hathaway's Cottage und Mary Arden's House (Erw. £ 26,25, Familien £ 69,50; Infos zum Besuch der Shakespearehäuser bei: www.shakespeare.org.uk).

Von dem großen Anwesen **New Place** in der Chapel Street, das sich Shakespeare später in Stratford kaufte, ist nach einem Großbrand im 18. Jh. bis auf die Grundmauern nichts mehr übrig; Spaß macht es aber, durch den nach elisabethanischen Vorbildern angelegten Garten zu flanieren. Nebenan informiert eine Ausstellung im **Nash's House** – einst im Besitz von Shakespeares Enkelin – über die Stadtgeschichte (März–Okt. 10–17 Uhr).

Schön am Ufer des River Avon liegt das jüngst rundum überholte **Royal Shakespeare Theatre** von 1932, das größte Theater der Royal Shakespeare Company (RSC), die hier ganzjährig die Werke des Meisters aufführt. Fans können an Backstage-Touren teilnehmen (Info bei: RSC, Waterside, Stratford-upon-Avon CV37 6BB, Tel. 01789-403493, www.rsc.org.uk).

In der nahen **Holy Trinity Church,** in der er auch getauft wurde und heiratete, hat der grandiose Dichter William Shakespeare › S. 39 seine letzte Ruhestätte gefunden.

In Shottery, rund 1,5 km außerhalb, kann man **Anne Hathaway's Cottage** ⭐ besuchen, das geräumige Farmhaus, in dem Shakespeares Frau ihre Jugend verbrachte (geöffnet wie Shakespeare's Birthplace).

Info

Visitor Information Centre
• Bridgefoot
Stratford-upon-Avon CV37 6GW
Tel. 01789-264293
www.shakespeare-country.co.uk

Hotels

White-Sails B & B €€
Luxuriöses B & B, 20 Gehminuten vom Zentrum, mit Fahrradkeller.
- 85 Evesham Road
  Stratford-upon-Avon CV37 9BE
  Tel. 01789-550469
  www.white-sails.co.uk

Victoria Spa Lodge €
Ausgezeichnetes kleines Hotel.
- Bishopton Lane | Bishopton
  Stratford-upon-Avon CV37 9QY
  Tel. 01789-267985
  www.victoriaspa.co.uk

Restaurants

Bensons €€
Für den *afternoon tea* gerühmt.
Nur tagsüber geöffnet.
- 40 Henley Street

Stratford-upon-Avon CV37 6EY
Tel. 01789-415572
www.bensonsrestaurant.co.uk

Lambs of Sheep Street €€
Englische Küche in einem Fachwerkhaus aus dem frühen 16. Jh.
- 12 Sheep Street | Stratford-upon-Avon
  CV37 6EF | Tel. 01789-292554
  www.lambsrestaurant.co.uk

Warwick 21 [D4]

Die Kleinstadt (31 000 Einw.) am lieblichen River Avon schmückt sich mit Grünanlagen entlang des Flusses. Hauptattraktion ist die imposante Burganlage **Warwick Castle** in einem von Lancelot Capability Brown gestalteten Gartenareal. Seit die Grafen von Warwick im 14. Jh. die Burg errichten ließen, blieb sie äußerlich unverändert, so dass man hier die mittelalterlichen Fortifikationstechniken gut studieren kann (im Sommer tgl. 10–18, im Winter bis 17 Uhr, £ 19,20, www.warwick-castle.com). Schöne Fachwerkhäuser zieren den Ortskern von Warwick, darunter die Markthalle von 1670, die heute das **Market Hall Museum** beheimatet. Ebenso sehenswert ist die Fachwerkhäuserzeile des **Lord Leycester Hospital** in der High Street, dahinter schließt sich der hübsche Master's Garden an.

Info

Warwick TIC
- Court House | Jury Street
  Warwick CV34 4EW
  Tel. 01926-492212
  www.visitwarwick.co.uk

Bestens erhalten ist das Warwick Castle

Birmingham [D4]

Birmingham (1,1 Mio. Einw.), die zweitgrößte Metropole des Landes und einst graue Industriestadt, hat sich gemausert: Mit attraktiven Einkaufszentren wie der »Mailbox« und einer reichen Kulturlandschaft erhielt die Innenstadt ein neues Gesicht. Am **Gas Street Basin** entstanden neue Freizeitmeilen mit Bars, Klubs und Restaurants.

Kulturelle Aushängeschilder sind das City of Birmingham Symphony Orchestra und das **Barber Institute of Fine Arts** mit seiner erlesenen Sammlung europäischer Kunst vom 13. Jh. bis zur Moderne (Mo–Sa 10–17, So 11–17 Uhr, www.barber.org.uk). Mit dem **Thinktank** besitzt die Stadt ein Wissenschaftsmuseum zum Anfassen (tgl. 10–17 Uhr, www.thinktank.ac).

Ein Muss für Fußballfans ist eine Stadiontour durch den **Villa Park,** die Heimspielstätte des Traditionsklubs Aston Villa (Tel. 0800-6120970, www.avfc.co.uk/page/StadiumTours).

Das **National Motorcycle Museum** im Vorort Solihull zeigt mit etwa 650 Bikes die Geschichte der britischen Motorradindustrie sowie Legenden des Rennsports (tgl. 8.30 bis 17.30 Uhr, www.nationalmotorcyclemuseum.co.uk).

Info

Birmingham Visitor Centre
• The Rotunda | 150 New Street
  Birmingham B2 4PDB
  Tel. 0870-2250127
  www.visitbirmingham.com

Shopping

• Im **Jewellery Quarter** glitzert ein Juweliergeschäft neben dem anderen.
• Für Schokojunkies ist die **Cadbury World** im Vorort Bournville ein Paradies. Eine Ausstellung präsentiert die Geschichte des Familienunternehmens und der Schokolade seit der Zeit der Azteken (www.cadburyworld.co.uk).

Hotels

Malmaison Birmingham €€
Im »Mailbox«-Komplex, mit eigenem Wellnessbereich »Le Petit Spa«.
• 1 Wharfside
  Birmingham B1 1RD
  Tel. 084469-30651
  www.malmaison.com/locations/birmingham

Away2stay €–€€
Mitten in der Stadt auf einem Hausboot übernachten.
• Quayside Tower
  252–260 Broad Street
  Birmingham B1 2H
  Tel. 0121-6477151
  www.away2stay.co.uk

Grimstock Country House Hotel €–€€
Das Landhotel mit 44 geschmackvoll eingerichteten Zimmern ist von einem schönen Park umgeben.
• Gilson Road | Coles Hill
  Birmingham B46 1LJ
  Tel. 01675-642121
  www.grimstockhotel.co.uk

Restaurants

Simpsons Restaurant €€€
Beste französische Küche, mit Michelin-Stern ausgezeichnet.

• 20 Highfield Rd. | Birmingham B15 3DU
Tel. 0121-4543434
www.simpsonsrestaurant.co.uk

The White Swan €–€€
Eine Art Landgasthaus in Edgbaston. Tgl.
• Hardborne Rd. | Birmingham B15 3TT
Tel. 0121-4542359
www.thewhiteswanpub.com

Nightlife
The Jam House
Live-Musik über drei Etagen.
• 3–5 St Paul's Sq. | Birmingham B31QU
Tel. 0121-200 3030
www.thejamhouse.com

Gloucester 23 [D5]

Der Ort (125 000 Einw.) hat sich mittelalterliches Flair bewahrt. Die **Kathedrale** ⭐ ist normannischen Ursprungs, doch die Pilgerzüge zum Grab des 1327 ermordeten Königs Eduard II. machten die einstige Abtei so reich, dass sie sich einen Umbau im *Perpendicular Style* leistete (tgl. 7.30–18 Uhr, www.gloucestercathedral.org.uk).

Zu viktorianischer Zeit sorgte der **Hafen,** der heute Hobbyseglern dient, für Wohlstand. Das große Becken entstand um 1790 und war Endpunkt eines Kanals von der Mündung in die Stadt. Das **Gloucester Waterways Museum** ist dem Leben der Binnenschiffer gewidmet (tgl. 11–16, Juli/Aug 10.30–17 Uhr).

Info
Gloucester TIC
• 28 Southgate Street
Gloucester GL1 2DP

Tel. 01452-396572
www.thecityofgloucester.co.uk

Hotel
New Inn Hotel €
Gemütliches Hotel in der Altstadt in einem Gebäude aus dem 14. Jh.
• 16 Northgate Street
Gloucester GL1 1SF
Tel. 01452-522177 od. 0845-8053478
www.relaxinnz.co.uk

Worcester 24 [D4]

Eine scharfe Soße trägt den Namen der Stadt (100 000 Einw.), deren Bild beherrscht wird von der oberhalb des River Severn gelegenen **Kathedrale** ⭐ mit ihrem hohen Vierungsturm. Im Innern ist der machtbesessene König Johann Ohneland bestattet. (Tgl. 7.30–18 Uhr, Eintritt frei.)

Nahe der Kathedrale liegt die berühmte **Porzellanmanufaktur** ⭐ (März–Okt. Mo–Sa 10–17, Nov. bis Febr. bis 16 Uhr, www.museumofroyalworcester.org). Seit 1751 werden in der Stadt kostbare Tafelservice hergestellt. **50 Dinge** ㊱ › **S. 16.**

Info
Worcesters Visitor Centre
• The Guildhall | High Street
Worcester WR1 2EY
Tel. 01905-726311
www.visitworcester.co.uk

Hotel
City Guest House €
Einfaches Gästehaus nahe des Zentrums.
• 36 Barbourne Rd.
Worcester WR1 1HU

Tel. 01905-24695
www.barbourneguesthouse
worcester.co.uk

Restaurant

Browns €€

Feines Restaurant direkt am Fluss, englische Küche mit ital. Einschlag.

• South Quay | Worcester WR1 2JN
Tel. 01905-25800
http://brownsworcester.co.uk

Hereford 25 [C4]

Auch hier wird das Bild der alten Stadt (59 000 Einw.) von der mächtigen **Kathedrale** bestimmt, deren größter Schatz eine Weltkarte aus dem frühen 14. Jh. ist. Diese »mappa mundi« stellt das damalige Weltbild detailliert dar. Bibliophile Besucher sollten bei ihrem Rundgang einen Blick in die so genannte Ket-

Unterwegs in Mittelengland

Tour 10   Im Westen › S. 97

Oxford › Blenheim Palace › Gloucester › Worcester › Hereford › Ludlow › Chester › Liverpool ›
Manchester › Stoke-on-Trent › Nottingham › Birmingham › Warwick › Stratford-upon-Avon

tenbibliothek, die **Chained Library,** werfen: ca. 1500 handgeschriebene Folianten und frühe Buchdrucke sind hier mit Ketten an den Regalen befestigt (tgl. ab 9.15 Uhr).

Hereford ist auch eines der Zentren der Apfelweinproduktion. Dessen Herstellung zeigt das **Cider Museum** (April–Okt. Mo–Sa 10 bis 17, Nov.–März Mo–Sa 11 bis 15 Uhr, www.cidermuseum.co.uk), und zum Abschluss gibt es auch eine Kostprobe. **50 Dinge** ⑬ › S. 13.

Ludlow 26 [C4]

Der beschauliche Ort (10 000 Einw.) mit seinen schwarzweißen Fachwerkhäusern aus der Tudor-Zeit wird von einer großen **Burg** geschützt, einer alten Grenzfestung gegen die Waliser. Hier kommen die Shakespearestücke, die im Sommer im Rahmen des **Ludlow Arts Classical Festival** (www.ludlow-arts-classical.org.uk) aufgeführt werden, ganz besonders gut zur Geltung.

Info

Visitor Information Centre
- Ludlow Assembly Rooms | 1 Mill St Ludlow SY8 1AZ | Tel. 01584-875053 www.ludlow.org.uk

Hotel

The Feathers Hotel €€
Im schönsten der vielen alten Gebäude (1620) der Stadt kann man ein Zimmer mit Himmelbett oder Spa-Bad bekommen. Restaurant und Bar im Haus.
- The Bull Ring | Ludlow SY8 1AA Tel. 01584-875261 www.feathersatludlow.co.uk

Restaurants

Mortimers €€€
Toprestaurant mit moderner britischer und französischer Küche. Mo geschl.
- 17 Corve St | Ludlow SY8 1DA Tel. 01584-872325 www.mortimersludlow.co.uk

The Waterdine €€€
Exquisiter Gastropub › **S 121.** Ken Adams kann sich restriktive Öffnungszeiten leisten, zumal allein schon das Haus aus dem 16. Jh. ein Genuss ist. Vermietet auch 3 Zimmer. Reservieren! So abends und Mo Ruhetag.
- Llanfair Waterdine (ca. 35 km westlich von Ludlow hinter Knighton) Shropshire LD7 1TU Tel. 01547-528214 www.waterdine.com

Shrewsbury 27 ⭐ [C4]

Charles Darwins Geburtsstadt (71 000 Einw.), in einer großen Schleife des River Severn gelegen und an drei Seiten von Wasser umgeben, hat dank vieler Häuser aus der Tudor-Zeit eine ganz eigene mittelalterliche Atmosphäre. Enge Gassen, dunkle Innenhöfe, römische Gebäudereste und steinerne Brücken machen die Stadtbesichtigung zu einem Erlebnis.

Die Glasfenster der prachtvollen **Church of St. Mary's** (Mo–Sa 10 bis 17 Uhr) fertigten im 15. und 16. Jh. Handwerker in Altenburg und Trier an. Aus der Zeit Wilhelms des Eroberers stammen die ältesten Teile des **Shrewsbury Castle,** im Sommer dient es als Kulisse für Veranstaltungen.

Im August findet hier mit der **Shrewsbury Flower Show** eine der größten Gartenbauausstellungen des Landes statt (www.shrewsburyflowershow.org.uk).

Info
Shrewsbury Visitor Information
• The Music Hall
The Square
Shrewsbury SY1 1LH
Tel. 01743-258888
www.visitshrewsbury.com

Restaurant
The Armoury €–€€
Gemütlicher, beliebter Pub am Fluss mit guter moderner Küche. Tgl.
• Victoria Quay | Victoria Avenue
Welsh Bridge
Shrewsbury SY1 1HH
Tel. 01743-340525
www.armoury-shrewsbury.co.uk

Ausflug nach Ironbridge 28 [C4]

Ab 1779 überspannte die erste, 30 m lange **Eiserne Brücke** Englands den River Severn. Nach ihr wurde der kleine Ort (2600 Einw.) benannt. Weil es in dem Tal beste Voraussetzungen gab, entstand bald eine bedeutende Eisenschmiede, hier nahm die industrielle Revolution ihren Anfang. In und um Ironbridge halten zehn Museen – zusammengefasst als **Museum of The Gorge** – auf lebendige Weise die Geschichte der Industrialisierung wach (tgl. 10–17 Uhr, www.ironbridge.org.uk).

Chester 29 ⭐ [C3]

Die Stadt an der Grenze zu Wales (81 000 Einw.) zählt zu den sehenswertesten des Landes. Da ist zunächst die gut erhaltene **Stadtmauer** aus sächsischer Zeit, auf der man rund um die Altstadt einen Spaziergang unternehmen kann.

Der Hauptteil der roten **Kathedrale** von Chester und das heutige Gesamtkonzept stammen von ca. 1250 bis 1540, mit »Verschönerungen« aus dem 19. Jh.; nur wenige Reste an der Nordseite des Baus gehen tatsächlich auf die Abteikirche von 1092 zurück (Mo–Sa 9–18, So 11–16 Uhr).

Teile von **Chester Castle** sind über 900 Jahre alt. In einem Teil der Burg

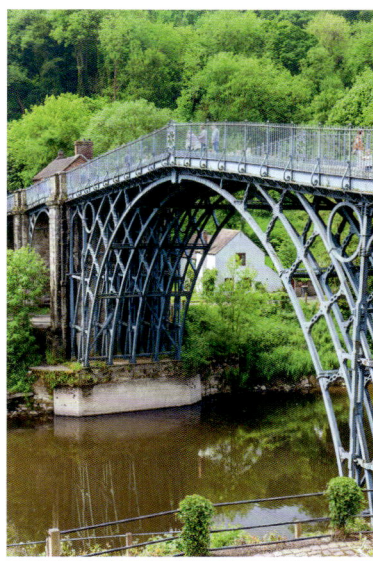

Die Ironbridge gilt als Symbol der Industriellen Revolution

ist das **Cheshire Military Museum** beheimatet, während das **Grosvenor Museum** Grabungsfunde aus der Zeit der Römer präsentiert.

Chesters Stolz sind die großen alten, in viktorianischer Zeit restaurierten **Fachwerkhäuser** mit ihren hohen, hervortretenden Giebeln. Eine Besonderheit der Häuser sind **The Rows,** miteinander verbundene Arkadengalerien im ersten Stock, die über den Geschäften im Erdgeschoss praktisch eine zweite Ladenpassage zum Bummeln bilden.

Info

Visitor Information Centre
• Town Hall Square | Northgate Street
  Chester CH1 2HJ | Tel. 01244-405340
  www.visitchester.com

Hotels

Mill Hotel €€€
An einem Seitenkanal des River Dee gelegenes Hotel mit tollem Spa.
• Milton Street | Chester CH1 3NF
  Tel. 01244-350035
  www.millhotel.com

The Limes €€
Angenehmes B&B in einem schönen viktorianischen Gebäude.
• 12 Hoole Road | Chester CH2 3NJ
  Tel. 01244-328239
  www.limes-chester.co.uk

Restaurant

Chez Jules Restaurant €–€€
Moderne französische Küche in rustikalem Fachwerkambiente.
• 71 Northgate St. | Chester CH1 2HQ
  Tel. 01244-400014
  www.chezjules.com

Pub

Bear & Billet €
Gemütlicher Pub mit Biergarten und Live-Fussball in einem Tudor-Fachwerkhaus aus dem 17. Jh.
• 94 Lower Bridge Street
  Chester CH1 1RU
  Tel. 01244-311886
  www.bearandbillet.com

Liverpool ③⓪ [C3]

Beatles und Fußball sind die Schlagwörter, die automatisch mit Europas Kulturhauptstadt von 2008 (473 000 Einw.) in Verbindung gebracht werden. Legendär sind der FC Liverpool und dessen **Anfield Road Stadium** (www.liverpoolfc.com), berühmtester Exportschlager der Hafenstadt aber sind fraglos die Pilzköpfe.

Zu den markantesten Gebäuden dieser liebenswerten Großstadt zählt die riesige anglikanische **Liverpool Cathedral.** Von ihrem rund 110 m hohen Glockenturm genießt man einen fantastischen Ausblick (tgl. 8 bis 18 Uhr).

Lohnend ist der Besuch der **Walker Art Gallery,** die neben präraffaelitischer Kunst auch Gemälde von Rubens, Rembrandt, Poussin, Cézanne und Degas zeigt (tgl. 10 bis 17 Uhr, Eintritt frei, www.liverpoolmuseums.org.uk/Walker).

Beatles-Fans zieht es zur **20 Forthlin Rd.,** zum Wohnhaus der McCartneys. Heute ein Museum, texteten, komponierten und probten hier Paul McCartney und John Lennon. Auch dessen Haus in der **251 Menlove Ave.** ist in einer kombinierten

SPECIAL

Der Pub der Zukunft?

Was, bitte schön, ist ein Gastropub? Die lang ersehnte Antwort auf einen kulinarischen Notstand! Junge, ambitionierte Köche waren es, die zur Tat schritten und Pub-Tradition mit kreativer Küche kombinierten. Ein Gastropub hat also eine Schankwirtschaft – d. h., man muss nichts essen –, und genießt gleichzeitig einen besonderen Ruf für die Qualität seiner Speisen und Getränke. Inzwischen hat diese Form der Bewirtung ihren Siegeszug über die ganze Insel angetreten.

Probieren geht über Studieren

- **The Dove** €€–€€€ [F5]
  Liegt idyllisch in der Nähe des Fischereihafens Whitstable. Das winzige Dorf Dargate ist nur über enge Landstraßen zu erreichen, das Lokal aber gut ausgeschildert. So/Mo 12–22, Mi–Sa bis 23 Uhr.
  Plumpudding Lane | Dargate
  Kent ME13 9HB | Tel. 01227-751360
  http://thedovedargate.co.uk
- **The Albion** €€ [F5]
  Die Speisekarte ist von der französischen Herkunft der Besitzer und den Spezialitäten der Region inspiriert, aber auch mexikanisch.
  29 Front Brents | Faversham
  Kent ME13 7DH | Tel. 01795-591411
  www.albiontaverna.com
- **The Crooked Billet** €€ [D5]
  Hier wird das Bier in Krügen aus dem Keller heraufgetragen, und so viele Zutaten wie möglich kommen aus der nahen Umgebung.
  Newlands Lane | Stoke Row
  Henley On Thames RG9 5PU
  Tel. 01491-681048
  www.thecrookedbillet.co.uk
- **The Duke of Cambridge** €€ [E5]
  Der erste Londoner Pub, der Speisen aus biologischem Anbau serviert.
  30 St. Peter's St. | Islington
  London N1 8JT | Tel. 020-73593066
  www.dukeorganic.co.uk

The Greyhound Inn, Saxton, North Yorkshire **121**

Anziehungspunkt für alle Fans: The Beatles Story

Tour zu besichtigen (März–Nov. Mi–So, nur mit Führung, Tel. 0844-8004791, www.nationaltrust.org.uk/beatles-childhood-homes).

Im **Cavern Club** › **S. 123** gaben die Beatles ihr erstes Konzert. In den 1960er-Jahren standen sie hier mit über 300 Gigs auf der Bühne. Beim Club steht seit 2001 die Erinnerungstafel **Wall of Fame,** auf der mehr als 50 No-1-Charthits von Liverpooler Bands gelistet sind. In den Albert Docks feiert das **Museum Beatles Story** die vier Musiker (tgl. 9–19 Uhr, www.beatlesstory.com).

Die Liverpooler **Docklands** ⭐ gelten heute als Symbol der wirtschaftlichen Erholung mit Luxusapartments, Büros, Läden und Restaurants, einer eigenen TV-Station und Museen. So zeigt das **Merseyside Maritime Museum** Exponate zu Seefahrt und -handel und erinnert an die Auswanderer, die in die Neue Welt aufbrachen. Es beherbergt auch das **International Slavery Museum** zur Geschichte der Sklaverei. Das **Museum of Liverpool** präsentiert Stadtgeschichte (tgl. 10 bis 16.30 Uhr, Eintritt frei, www.liverpoolmuseums.org.uk)

Block C des Albert Docks baute der Liverpooler Sir James Stirling, Hausarchitekt der Londoner Tate Gallery, zur **Tate Liverpool** um. So kamen Teile der Kunstschätze zurück, die der Zuckermagnat Sir Henry Tate aus seiner Heimatstadt nach London gegeben hatte (April bis Okt. tgl. 10–17.50, Okt.–März tgl. 10–17 Uhr, Eintritt frei, www.tate.org.uk/visit/tate-liverpool).

! Eindrucksvoll ist die Figurenreihe »Another Place« von Antony Gormley entlang des Crosby Beach.

Info

Albert Dock Visitor Centre
- Anchor Courtyard | Albert Dock
  Liverpool L3 4AF | Tel. 0151-9071057
  www.visitliverpool.com

Hotels

Aachen Hotel €–€€
Zentral gelegen, üppiges Frühstück.
- 89–91 Mount Pleasant
  Liverpool L3 5TB | Tel. 0151-7093477
  www.aachenhotel.co.uk

Hallmark Inn €
Guter Service und tolles Frühstücks-
buffet im Herzen der Stadt.
• 115–125 Mount Pleasant
Liverpool L3 5TF | Tel. 0330-0283426
www.hallmarkhotels.co.uk/hotels/
Inn-Liverpool

Restaurant
60 Hope Street Restaurant €€€
Cafébar und Restaurant mit moderner
europäischer Küche und guten Weinen.
• 60 Hope Street | Liverpool L1 9BZ
Tel. 0151-7076060
www.60hopestreet.com

Pub
Philharmonic €€
Wunderschöner Pub: ein Traum in
Mahagoni, Kristall und Messing.
• 36 Hope Street | Liverpool L1 9BX
Tel. 0151-7072837

Nightlife
The Cavern Club
Nicht mehr ganz das Original aus
Beatles-Zeiten.
• 10 Mathew Street | Liverpool L2 6RE
Tel. 0151-7039100
www.cavernclub.org

Alma de Cuba
Lateinamerika trifft auf Gotteshaus,
Do Livemusik, So Gospel-Brunch.
• St Peter's Church | Seel Street
Liverpool L1 4BH | Tel. 0151-7091567
www.alma-de-cuba.com

Nation (Cream)
Im ganzen Königreich bekannte Disko.
• Wolstenholme Square | 1–3 Parr St.
Liverpool L1 4JJ | Tel. 0151-7071309
www.cream.co.uk

Manchester 31 [D3]

Älteste Industriemetropole der Welt
(520 000 Einw.) und einstiges Zentrum der Baumwollverarbeitung.
Nach ihrem Niedergang taucht die
Stadt nun wie Phönix aus der Asche
wieder auf.

Im Zentrum künden die impo-
sante **Town Hall** und die prächtige
Kathedrale (15. Jh.) von einstigem
Glanz und Reichtum. Schätze der
Malerei von Präraffaeliten bis mo-
derne Kunst besitzt die **Manchester
Art Gallery** (tgl. 10–17 Uhr, Eintritt
frei, www.manchestergalleries.org).

Der **Beetham Tower** in Deansgate
ist eines der neuen Wahrzeichen:
eine knapp 170 m hohe Konstrukti-
on aus Stahl und Glas. Die **Cloud 23
Bar** des Hilton Hotels in der 23. Etage bietet die wohl spektakulärste
Aussicht auf die Industriemetropole
(Mo–Do, So 11–1, Fr/Sa bis 2 Uhr,
www.cloud23bar.com).

Das **Museum of Science and In-
dustry** steht auf dem Gelände des
ältesten noch erhaltenen Passagier-
bahnhofs der Welt (1830) und zeigt
Exponate zur Geschichte der Menschen hier und ihrer Region (Mo bis
Fr 9–17, Sa/So bis 18 Uhr, £ 24,95
www.mosi.org.uk). Im **Manchester
Museum** ist insbesondere die ägyp-
tologische Abteilung mit 16 000 Ex-
ponaten sehr beliebt (tgl. 10 bis
17 Uhr, Eintritt frei, www.museum.
manchester.ac.uk). Das **Imperial War
Museum North** ist allein schon wegen seiner imposanten Architektur
von Daniel Libeskind einen Besuch
wert (tgl. 10–16.30 Uhr, Eintritt frei,
www.iwm.org.uk).

Zwei Theater sowie Kunstgalerien, Cafés und Geschäfte vereint das spektakuläre Millennium-Projekt **The Lowry** am Pier 8 der Salford Quays südwestlich des Zentrums (Box Office, Tel. 0843-208 6000, www.thelowry.com). Von dort ist es nicht weit zum **Old Trafford Stadium,** der Heimspielstätte von Manchester United (www.manutd.com).

Info
Visitor Information Centre
- Picadilly Plaza | Portland Street
  Manchester M1 4BT
  Tel. 0871-222 8223
  www.visitmanchester.com

Flughafen
Manchester Airport, 16 km südl. des Zentrums, internationale und innerbritische Verbindungen; Zug- und Busservice in die Stadt (Tel. 08712-710711, www.manchesterairport.co.uk).

Hotels
The Lowry Hotel €€€
Das Top-Luxushotel der Stadt lässt keine Wünsche offen.
- 50 Dearmans Place | Chapel Wharf
  Manchester M3 5LH
  Tel. 0161-8274000
  www.thelowryhotel.com

Old Trafford Lodge €–€€
36 Zimmer bieten einen direkten Blick auf das Kricketfeld, auf dem Englands Nationalteam Testmatches austrägt.
- Lancashire County Cricket Club
  Old Trafford | Manchester M16 0PX
  Tel. 0161-874 3333
  www.manchesterunitedhotels.com/hotels/old-trafford-lodge

Restaurant
Grill on the Alley €€€
Grillhaus im Industriedesign mit offener Küche; Fisch, Steaks einheimischer Rinder, Lamm. Tgl. **50 Dinge** ⑳ › S. 14.
- 5 Ridgefield | Manchester M2 6EG
  Tel. 0161-8333465
  www.blackhouse.uk.com

Ausflug in den Peak District ★ [D3–D4]

Die Bewohner von Manchester, Sheffield oder Leeds nutzen den Peak District National Park als Naherholungsgebiet ersten Ranges. Zwischen den rund 300 m hohen Hügeln und ausgedehnten Hochmoorflächen liegen liebliche Täler mit weitläufigen Eschenwäldern. Höchster Gipfel ist mit 636 m der **Kinder Scout.** Thermalquellen machten das kleine Kurörtchen **Buxton** 32 [D3] recht bekannt. In der sehenswerten Tropfsteinhöhle **Poole's Cavern** (März–Okt. tgl. 9.30 bis 17, Nov.–Feb. 10–16 Uhr, www.poolescavern.co.uk), ca. 2 km außerhalb des Ortes, entspringt der River Wye. Das stille Dörfchen **Bakewell** war in früheren Zeiten ein bedeutender Marktflecken, führt hier doch seit Ewigkeiten eine fünfbogige Steinbrücke über den River Wye. In dem prachtvollen Herrensitz **Chatsworth House** kann man bewundern, wie luxuriös die Herzöge von Devonshire einst lebten – und bis heute leben (tgl. 11 bis 17.30 Uhr, www.chatsworth.org).

In **Ashbourne** findet man noch schmale Gassen mit alten Häusern rund um den Marktplatz. Es liegt im landschaftlich schönsten Teil des District. **50 Dinge** ㉘ › **S. 15.**

Info

Peak District National Park Authority

- Aldern House | Baslow Road
  Bakewell DE45 1AE
  Tel. 01629-816200
  www.peakdistrict.gov.uk
  www.visitpeakdistrict.com

Stoke-on-Trent 33 [D4]

Der Grund, in das Ballungszentrum (250 000 Einw.) zu fahren, sind die traditionsreichen, aber krisengeschüttelten Porzellanmanufakturen. Deren Geschichte dokumentiert das **Potteries Museum** im Cultural Quarter (Mo–Sa 10–17, So 11 bis 16 Uhr, Eintritt frei, www.stokemuseums.org.uk). In **Wedgwood** zu besichtigen sind noch Produktionsstätten und das Besucherzentrum (www.wedgwoodvisitorcentre.com)

Shopping

intu Potteries

Mode, Schuhe, Accessoires u. v. m. bietet die riesige Mall. Tgl. geöffnet.

- Quadrant Rd. | Stoke-on-Trent ST1 1PS
  Tel. 01782-220302
  http://intu.co.uk/potteries

Nottingham 34 [D4]

Überragt wird das einstige Zentrum der Tabakindustrie (319 000 Einw.) vom **Nottingham Castle**. Die Festungsanlage geht in Teilen bis auf das Jahr 1068 zurück und ist eng verbunden mit Legenden um **Robin**

Im Peak District National Park

Hood. Dem Bogenschützen aus dem Sherwood Forest ist unterhalb der Burg ein Denkmal gesetzt. Im **Galleries of Justice Museum** werden spannende Touren zur Kriminalgeschichte, auch zu der Robin Hoods, durchgeführt (Mo–Fr 9–17, Sa 10.30 bis 17, So 11–17 Uhr, Tel. 0115-9520555, www.galleriesofjustice.org.uk). Am Fuß des Burgbergs liegt mit **Ye Olde Trip to Jerusalem** von 1189 das wohl älteste Inn des Landes (Tel. 0115-9473171, www.triptojerusalem.com). Nur einen Steinwurf entfernt erzählt das **Museum of Nottingham Life at Brewhouse Yard** vom Leben der letzten 300 Jahre in Nottingham (www.nottinghamcastle.org.uk/explore/museum-of-nottingham-life-at-brewhouse-yard).

Info

Nottingham Tourism Centre

- 1–4 Smithy Row
  Nottingham NG1 2BY
  Tel. 08444-775678
  www.experiencenottinghamshire.com

NORDENGLAND

Kleine Inspiration

- **Den Blick vom Roseberry Topping** in den North York Moors genießen › S. 137
- **Die Whitby Abbey** mit den Augen des Dracula-Schriftstellers Bram Stoker sehen › S. 139
- **Dem Aufklappen der Millenium Bridge** in Newcastle-upon-Tyne zusehen › S. 141
- **Licht- und Wolkenspiegelungen** in den Seen des Lake District beobachten › S. 146

Einsame Strände, Nationalparks wie der Lake District, die North York Moors und Yorkshire Dales bietet der Norden. Dazu den römischen Hadrian's Wall, das mittelalterliche York und das moderne Newcastle-upon-Tyne.

Lange Jahre galt der Norden Englands lediglich als Durchgangsstation auf dem Weg nach Schottland, von rauchenden Fabrikschornsteinen dominiert – so das Attribut, mit dem die Region zwischen York und Newcastle, zwischen Bradford und Carlisle fälschlicherweise belegt wurde. Tatsächlich jedoch besticht der englische Norden mit ungeahnter Vielfalt: Verwunschene Castles, hohe Klippen und weite Dünenlandschaften zieren die Küsten, Hügel, Seen und Moorlandschaften bestimmen das Hinterland.

Seine industrielle Vergangenheit kann und will der Norden Englands nicht verleugnen – im Gegenteil: Durch Museen und Ausstellungen in original wiederaufgebauten Dörfern, alten Fabriken, Werften und Minen präsentiert man sich stolz als einstige Schrittmacher der Industriellen Revolution.

Zu den attraktivsten Regionen im Norden zählen der North York Moors National Park und Englands größter Nationalpark, der Lake District mit den Cumbrian Mountains. Vogelfreunden sind die winzigen Farne Islands sowie Holy Island ein Begriff. Die Geschichte der Römer in Großbritannien konserviert bis heute der Hadrian's Wall, der alte römische Grenzwall, der über 135 km hinweg durch herrliche Landschaften zwischen Northumberland und Cumbria führt.

Touren in Nordengland

 Tour 11

Weit in den hohen Norden

Route: York › Whitby › Durham › Newcastle-upon-Tyne › Alnwick › Bamburg › Berwick-upon-Tweed › Chollerford › Carlisle › Lake District

Karte: Seite 128
Dauer: 5–7 Tage

Praktische Hinweise:
- Wer diese Autotour im Sommer unternimmt, sollte im Lake District und am Hadrian's Wall eine Unterkunft reservieren!
- Daran denken, im Fischrestaurant Magpie Café in Whitby › S. 140., einen Tisch zu bestellen.

Blick auf den Hafen des viktorianischen See- und Thermalbads Scarborough

Tour-Start:

Der Nordosten Englands steht im Mittelpunkt dieser abwechslungsreichen Fahrt. Start ist in **York 1**

› S. 132. Eine Geistertour am Abend, ein Spaziergang an der Stadtmauer und durch die mittelalterlichen Gassen sowie die Besichtigung der

Touren in Nordengland

Tour ⑪

Weit in den hohen Norden

York › Whitby › Durham › Newcastle-upon-Tyne › Alnwick › Bamburgh › Berwick-upon-Tweed › Chollerford › Carlisle › Lake District

Tour ⑫

Zu Fuß am Hadrian's Wall entlang

Wallsend › Newcastle-upon-Tyne › Heddon-on-the-Wall › Chollerford › Housesteads Roman Fort › Gilsland › Crosby-on-Eden › Carlisle

Tour ⑬

Highlights im Lake District

Kendal › Windermere › Keswick › Cockermouth › Whitehaven › Ravenglass › Furness Abbey › Kendal

Tour ⑭

Wandern auf dem Cleveland Way

Helmsley › Rievaulx Abbey › Osmotherley › Roseberry Topping › Saltburn-by-the-Sea › Whitby › Robin Hood's Bay › Scarborough › Filey

Kathedrale – all das ist genug Programm für einen ganzen Tag. Die
Hafenstadt **Whitby 13** › S. 139 steht
ganz im Zeichen von James Cook,
während im charmanten **Durham 15**
› S. 140 v. a. die Kathedrale und die
benachbarte Burg zu den Attraktionen zählen. Mit **Newcastle-upon-**

Tyne **17** › **S. 141** haben Sie Englands Partyhauptstadt erreicht. Die einstige Kohle- und Arbeitermetropole bietet heute mitsamt dem benachbarten **Gateshead** › **S. 142** zahlreiche kulturelle Höhepunkte. Auch hier lohnt es sich, einen Tag zu bleiben. Nicht nur Harry-Potter-Fans werden **Alnwick Castle** **18** › **S. 143** wiedererkennen. Stumme Zeugen der lange umkämpften Grenze zu Schottland sind das reizvolle Dörfchen **Bamburgh** **19** › **S. 143** und das wehrhafte **Berwick-upon-Tweed** **21** › **S. 144** an der Küste.

Dann geht's wieder südwärts und ins reizvolle Hinterland: In **Chollerford** **22** › **S. 144** und Umgebung ist der Besuch des römischen **Hadrian's Wall** › **S. 144** ein absolutes Muss. Bei Ihrer Passage nach **Carlisle** **23** › **S. 145** folgen Sie ihm unweigerlich – Zwischenstopps lohnen sich.

Den krönenden Abschluss bildet der **Lake District** › **S. 146**. Wollen Sie dort wandern, eignen sich **Kendal** **27** › **S. 147** oder **Keswick** **25** › **S. 146** als Standquartier.

Zu Fuß am Hadrian's Wall entlang

Route: Wallsend › Newcastle-upon-Tyne › Heddon-on-the-Wall › Chollerford › Housesteads Roman Fort › Gilsland › Crosby-on-Eden › Carlisle

Karte: Seite 128
Dauer: 6–9 Tage

Praktische Hinweise:
- Einen Überblick über die römischen Stätten und Unterkünfte liefert www.nationaltrail.co.uk/hadrians-wall-path.
- Komplette Organisation und Gepäcktransport bietet Sherpa Van: www.sherpa van.com.
- Die Wanderung lässt sich mit dem Hadrianswall-Bus AD 122 unterbrechen (http://hadrianswall country.co.uk/travel/bus).
- Unterkunft im Voraus buchen! In Crosby-on-Eden gibt es nur ein Selbstversorgerhaus (Bluebell Camping Barn, Tel. 01228-573600).

Entfernungen:
- Wallsend › Newcastle-upon-Tyne (8 km) › Heddon-on-the-Wall (16 km) › Chollerford (24 km) › Steel Rigg (19 km) › Gilsland (18 km) › Crosby-on-Eden (24 km) › Carlisle (8 km).

Tour-Start:

Einmal die ganze Insel von Ost nach West zu Fuß durchqueren? Mit einer rund 135 km langen Wanderung ist dies möglich – immer am **Hadrian's Wall** › **S. 144** entlang. **50 Dinge** ⑤ › **S. 12**. Römische Relikte gibt es zu entdecken, zudem bezaubert die grandiose Landschaft. Der schönste Abschnitt liegt am Südrand des Northumberland NP zwischen **Chollerford** **22** › **S. 144** und **Birdoswald** › **S. 145**. Dort überquert der Hadrian's Wall die Ausläufer der Pennines, die eine herrliche Sicht bis zur Irischen See ermöglichen. In diesem Abschnitt versammeln sich auch die interessantesten römischen Stätten: **Chester's Fort** › S. 144 ist die erste, gefolgt von **Housesteads** › S. 145. Südlich von Steel Rigg wartet **Vindolanda Roman Fort** › S. 145 und gleich hinter **Gilsland** liegt **Birdoswald Roman Fort** › S. 145.

In urbanen Gebieten – **Wallsend/ Newcastle** **17** › S. 141 im Osten und **Carlisle** **23** › S. 145 wandert man meist durch Park- oder Stadtlandschaft an den Flüssen entlang oder folgt stillgelegten Bahntrassen. Von ganz eigener Schönheit ist das grüne Marschland westlich von Carlisle, wo der Weg in Bowness-on-Solway die Irische See erreicht.

 Highlights im Lake District

Route: **Kendal** › **Windermere** › **Keswick** › **Cockermouth** › **Whitehaven** › **Ravenglass** › **Furness Abbey** › **Kendal**

Karte: Seite 128
Dauer: 3 Tage oder länger, je nach Wanderlust
Praktische Hinweise:
- Planen Sie bei der Autotour Zeit für Wanderungen ein, im Sommer Unterkunft reservieren!

Tour-Start:

Diese Autorundtour verbindet die interessantesten Fleckchen im **Lake District** › S. 146 und lädt dazu ein, einzelne Täler und Berge zu erwandern: Als Ausgangspunkt für Tagestouren eignet sich z. B. **Kendal** **27**

› S. 147. In **Windermere** **26** › S. 146 erreichen Sie den ersten und zugleich größten See. Danach in Richtung **Keswick** **25** › S. 146 unterwegs, passieren Sie das Infozentrum des Nationalparks. Der Weg zur Küste führt über **Cockermouth** **24** › S. 146 nach **Whitehaven** **28** › S. 148. In **Ravenglass** **29** › S. 148 lohnt sich eine Fahrt mit der Schmalspurbahn, bevor die Fahrt im romantischen **Furness Abbey** **30** › S. 148 endet und es zurück nach Kendal geht.

 Wandern auf dem Cleveland Way

Route: **Helmsley** › **Rievaulx Abbey** › **Osmotherley** › **Roseberry Topping** › **Saltburn-by-the-Sea** › **Whitby** › **Robin Hood's Bay** › **Scarborough** › **Filey**

Karte: Seite 128
Dauer: 8 Tage
Praktische Hinweise:
- Hilfe zum Planen gibt www. nationaltrail.co.uk/cleveland-way. Es gibt auch Unterkunftsadressen, im Sommer reservieren!
- Organisation und Gepäcktransport: www.sherpavan.com.
Entfernungen:
- Helmsley › Rievaulx Abbey (24,5 km) › Osmotherley (22 km) › Roseberry Topping (33 km) › Saltburn-by-the-sea (21 km) › Whitby (31 km) › Robin Hood's Bay (16 km) › Scarborough (22 km) › Filey Brigg (19 km)

Tour-Start:

Der Cleveland Way im Nationalpark **North York Moors** 8 › S. 137 zählt zu Großbritanniens beliebtesten Fernwanderwegen. Zunächst führt er ab **Helmsley** 9 › S. 138 durch das größte Heidemoor Englands. In reizvollem Gegensatz dazu stehen die knapp 110 km Küste. Am Weg finden sich prähistorische Gräber, römische Wegmarkierungen und Signalanlagen sowie Burgen und Abteien. Eine davon ist die Rievaulx Abbey › **S. 138**. Nächstes Ziel ist mit Osmotherley › **S. 138** ein charmantes Dörfchen, während der Roseberry Topping › **S. 137** Gipfelstürmer herausfordert. Bei **Saltburnby-the-Sea** 14 › **S. 140** ist dann die Küste erreicht. Der Weg folgt ihr nun südwärts – über **Whitby** 13 › **S. 139**, das Schmugglernest **Robin Hood's Bay** 12 › **S. 139** und das Thermalbad **Scarborough** 11 › **S. 139** mit seinen schönen Stränden – bis nach **Filey** 10 › **S. 138**.

Unterwegs in Nordengland

York 1 10 [D3]

Mit dem mittelalterlichen Flair seiner Altstadt zählt York (204 000 Einw.) zu den malerischsten Städten ganz Großbritanniens.

Ein Rundgang über die 4,8 km langen Stadtmauern vermittelt einen guten Überblick. Vier alte Stadttore sind noch erhalten: **Monk Bar** A ist das älteste. Hier sollten Siees nicht versäumen, zu den **Monk Bar Chocolatiers** im Goodram Gate hineinzuschauen! Der kleine Familienbetrieb produziert allerfeinste Pralinen.

Blick auf die Türme von St. Peter, das berühmte Minster von York

Wer weiter zum **Bootham Bar** spaziert, genießt einen besonders schönen Blick auf das Münster. Zum **Walmgate Bar** gehört auch ein Wachtturm, und am **Micklegate Bar** wurden früher die Häupter gehenkter Verbrecher gezeigt. Im Innern erläutert ein Museum das Leben der Gatekeeper.

Das **Minster** ⭐ wurde 1472 nach gut 400 Jahren Bauzeit geweiht: ein Stilgemisch aus *Early English, Decorated* und *Perpendicular Style*. Im Innern schaffen mehr als 100 Buntglasfenster einen prachtvollen Gesamteindruck. Das

»Great East Window« ist sogar das größte mittelalterliche Bleiglasfenster der Welt! Als weiteres Meisterwerk jener Tage gilt das oktogonale Kapitelhaus, dessen freitragende, fast 20 m überspannende Holzdecke ohne jeglichen Stützpfeiler auskommt (Mo–Sa 9–17, So 12.45 bis 17 Uhr, £ 15, www.yorkminster.org).

Kostenlose Stadtführungen bietet die **Association of Voluntary Guides** ab Exhibition Square bei der York Art Gallery › **S. 134** (April–Okt. tgl. 10.15, 14.15, Juni–Aug. auch 18.15, Nov.–März 10.15, 13.15 Uhr, Tel. 01904–550098, http://avgyork.co.uk).

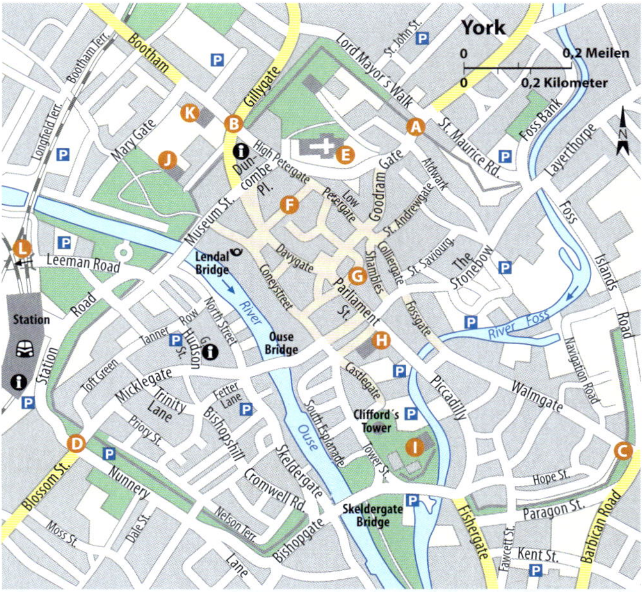

Ⓐ Monk Bar	Ⓕ Stonegate	Ⓚ York Art Gallery
Ⓑ Bootham Bar	Ⓖ Shambles	Ⓛ National Railway
Ⓒ Walmgate Bar	Ⓗ Jorvik Viking Centre	Museum
Ⓓ Micklegate Bar	Ⓘ Castle Museum	
Ⓔ Minster	Ⓙ Yorkshire Museum	

Beim Bummel durch die Altstadt gilt der erste Blick der malerischen Straße **Stonegate** ❻ ⭐ mit ihren vielen schönen alten Ladenfronten. Eines der seltenen historischen Wirtshausschilder überspannt die Straße und macht auf das uralte Ye Olde Starre aufmerksam. Yorks ältester lizensierter Pub aus dem Jahr 1644 verbreitet eine besonders anheimelnde Atmosphäre.

Shambles ❼ ⭐ heißt eine enge, von schwarzweißen Fachwerkhäusern gesäumte Gasse. Ihr Name weist auf die »Shammels« hin, früher der Name für die Metzger, die hier ihrem Gewerbe nachgingen.

Eine multimediale Reise in die Zeit der Wikinger in York bietet das **Jorvik Viking Centre** ❽ ⭐, das auch eine große Sammlung von frühen Ausgrabungsfunden besitzt (tgl. 10 bis 17, Nov.–März bis 16 Uhr, www. jorvik-viking-centre.co.uk).

Geradezu vorbildlich präsentiert das **Castle Museum** ❶ ⭐ eine große Sammlung zu 400 Jahren Kulturgeschichte und Alltagsleben der Stadt (tgl. 9.30–17 Uhr, www.york castlemuseum.org.uk).

In der Museum Street zeigt das **Yorkshire Museum** ❿ einige herrliche Ausgrabungsfunde aus den Epochen der Römer, Angelsachsen, Wikinger und aus dem Mittelalter (tgl. 10–17 Uhr, www.yorkshiremu seum.org.uk).

Mit Werken britischer Meister, früher italienischer sowie nordeuropäischer Künstler lockt die **York Art Gallery** ⓚ am Exhibition Square (tgl. 10–17 Uhr, www.yorkartgallery. org.uk).

In den Hallen des **National Railway Museum** ⓛ beim Bahnhof sind über 100 historische Lokomotiven zu sehen (tgl. 10–17 Uhr, www.nrm. org.uk).

Info

Visitor Information Centre
• 1 Museum Street | York YO1 7DT
Tel. 01904-550099
www.visityork.org

Hotels

Best Western Dean Court €€–€€€
Elegantes Hotel direkt neben dem York Minster mit hervorragendem Restaurant.

York im Wandel der Zeiten

2012 feierte York 800-jährigen Geburtstag und Kulturolympiade, u. a. mit »Mystery Plays«, die in den York Museums Gardens aufgeführt wurden. Die Ursprünge der Stadt sind jedoch viel älter. 71 n. Chr. erreichten die Römer den Norden und gründeten Eboracum, das schnell zur Kapitale der römischen Provinz Britannien avancierte. In angelsächsischer Zeit gingen von der nun Eoforwic genannten Siedlung starke Christianisierungsbestrebungen aus. Während der normannischen Ära erhielt York seine Befestigungsanlagen und entwickelte sich zu einer wichtigen wirtschaftlichen Größe im Norden Englands. Bis zur Zeit der Industriellen Revolution war York ökonomisch fast so bedeutend wie London.

• Duncombe Place
York YO1 7EF
Tel. 01904-625082
www.deancourt-york.co.uk

Avondale Guest House €
Helles blumiges Gästehaus, zwei Nächte
Mindestaufenthalt.
• 61 Bishopthorpe Road
York YO23 1NX | Tel. 01904-633989
www.avondaleguesthouse.co.uk

Restaurants
Bettys €€
Seit 1919 Yorks berühmtester Tea Room
und Café. Tgl.
• 6–8 St. Helen's Square | York YO1 8QP
Tel. 01904-659142 | www.bettys.co.uk

Melton's €€
Hochgeschätzt für seine moderne Küche
mit lokalen Zutaten. So/Mo Ruhetag.
• 7 Scarcroft Road | York YO23 1 ND
Tel. 01904-634341
www.meltonsrestaurant.co.uk

The Blue Bicycle €€
Exzellente Fischgerichte und saisonal
ausgerichtete Küche. So Ruhetag.
• 34 Fossgate | York YO1 9TA
Tel. 01904-673990
www.thebluebicycle.com

Ausflug zur Fountains Abbey 2 ★ [D2]

Die altehrwürdige Abtei bei Ripon,
46 km nordwestlich von York, gilt
als eine der schönsten Europas und
zählt mitsamt dem **Studley Royal
Water Garden** zum UNESCO-Weltkulturerbe. Das einst reiche Zister-
zienserkloster fiel den Reformationswirren unter Heinrich VIII.
zum Opfer. Der 1727 mit Teichen,
Tempelchen, Skulpturen und Seen
wunderschön angelegte Landschaftspark Studley Royal bietet den
perfekten Hintergrund für die eindrucksvolle Ruine (April–Sept. tgl.
10–18, Okt.–März bis 17 Uhr, Jan.
freitags geschl., Tel. 01765-608888,
www.fountainsabbey.org.uk).

Bradford 3 [D3]

Die Arbeitsbedingungen im ehe-
mals weltweit größten Zentrum der
Textilindustrie (528 000 Einw.) be-
grenzten die Lebenserwartungen
auf kaum mehr als 30 Jahre. Für den
Textilfabrikanten und Parlamenta-
rier Titus Salt Grund genug, seine
Fabrik und die Arbeiterunterkünfte
ins Grüne zu verlegen. Mitte des
19. Jhs. ließ er eine Modellsiedlung
errichten: **Saltaire** ★. Jede Familie
erhielt ein eigenes Häuschen mit
Garten, die Siedlung soziale Ein-
richtungen wie Schule und Kran-
kenhaus. 1853 eröffnete die Textilfabrik Salts Mill mit mehr als 3000
Beschäftigten. Seit 2001 gehört das
Industriegeschichte-Ensemble zum
UNESCO-Weltkulturerbe (Führungen, Tel. 01274-599887, www.sal
tairevillage.info).

Haworth 4 [D3]

Wäre Haworth (6000 Einw.) nicht
so besucht, meinte man, in den von
Fachwerkhäusern gesäumten Gassen sei die Zeit der Geschwister
Brontë noch lebendig. Am Rande

der Moore gelegen, taucht der Ort in deren Romanen immer wieder auf. Das ehemalige Pfarrhaus in der Church Street beherbergt das **Brontë Parsonage Museum** (April bis Sept. tgl. 10–17.30, Okt.–März 11 bis 17 Uhr, www.bronte.org.uk). In der nahen Kirche haben die Brontës in der Familiengruft ihre letzte Ruhe gefunden – nur Anne (1820 bis 1849) wurde in Scarborough bestattet › S. **129**.

Yorkshire Dales 5 ⭐ [D2–D3]

Die Yorkshire Dales erstrecken sich über 1760 km² Kalksteinhügelland und sind als Nationalpark geschützt. Besonders attraktiv ist das **Swaledale**, wo man die Ruinen frühindustrieller Produktionsstätten erkun-

SEITENBLICK

Das Schicksal der Brontës

Die Brontës, das waren die sechs Kinder des Pfarrers von Haworth: fünf Mädchen und ein Junge. Ihre Mutter starb früh, und so wurden sie von ihrer Tante äußerlich zwar gut versorgt, emotional aber vernachlässigt. Sie flüchteten sich in die Welt der Fantasie und der Bücher. Alle starben früh – die Schwestern Emily, Anne und Charlotte allerdings nicht, ohne einige Romane zu hinterlassen (u. a. Emily Brontë, »Sturmhöhe«). Als Maler begabt war der Bruder Patrick Banwell. Doch er konnte sein Talent nicht entwickeln und ertränkte seinen Kummer im Alkohol.

den kann. Parallel dazu verläuft das ebenfalls wunderschöne **Wensleydale**, wo Wasserfälle in die Tiefe rauschen.

In den höheren Regionen wachsen Moorgräser und Heidekraut, weiter unten bedeckt Hochmoor weite Teile der Region. In den Wäldern dominieren Haselnussbäume und seltene Eschen

Info

Yorkshire Dales NP Authority
• Yoredale | Bainbridge
Leyburn
North Yorkshire DL8 3EL
Tel. 01969-652300
www.yorkshiredales.org.uk

Richmond 6 [D2]

Mittelalterliches Flair prägt das Städtchen (8500 Einw.) am Ostrand der Dales. Hoch über dem River Swale erhebt sich das normannische **Richmond Castle**, dessen wuchtiger Bergfried einen tollen Blick über die Dächer bietet (April bis Sept. tgl. 10–18, Okt. Do–Mo 10–16, Nov.–März Sa/So 10–16 Uhr). Katzenkopfgepflasterte Gassen umgeben die Burg.

Vom belebten Marktplatz zweigen im georgianischen und viktorianischen Stil bebaute Straßen ab. Das **Theatre Royal** von 1788 ist eines der ältesten im Land.

Ein 2 km langer Spaziergang führt am baumgesäumten River Swale entlang zu den romantischen Ruinen von **Easby Abbey.**

(Infos zu den Attraktionen unter www.richmond.org.)

Die Heide der North York Moors ist uralte Kulturlandschaft

Barnard Castle 7 [D2]

Die normannische Burg (12. Jh.) verlieh der kleinen Marktstadt am River Tees (5500 Einw.) ihren Namen. Neben der mächtigen Ruine ist vor allem der historische Stadtkern rund um den **Butter Market** sehenswert.

Etwas außerhalb des Zentrums liegt ein prächtiges Schloss, das **Bowes Museum.** Es präsentiert eine wertvolle Sammlung mit Gemälden, Porzellan, Keramik, Metallarbeiten und Textilien aus diversen Epochen (tgl. 10–17 Uhr, www.bowesmuseum.org.uk).

Hotel

Homelands Guest House €

Gastfreundliches Reihenhaus mit 2 EZ und 4 DZ, einem hübschen Garten und Fünf-Sterne-Frühstück.

• 85 Galgate
  Barnard Castle DL12 8ES
  Tel. 01833-638757
  www.homelandsguesthouse.co.uk

North York Moors 8 ⭐ [D2–E2]

Der Nationalpark besteht zu fast 40 % aus blau blühender Heidelandschaft, die entstand, als Siedler der Bronzezeit die Region urbar machten und die ausgedehnten Wälder rodeten. Im Mittelalter legten Mönche Pfade durch die Heidemoore an, um ihre Waren in die Handelszentren bringen zu können. In den Feuchtbiotopen des Nationalparks sind viele Tier- und Pflanzenarten heimisch. Spaziergänger und Reiter können die flache, weite Landschaft auf 1600 km Wander- und Reitwegen erkunden. Einer von ihnen ist der Cleveland Way › **S. 131**, der halbkreisförmig von Helmsley › **S. 138** nach Filey › **S. 138** verläuft

Mit seiner markanten Form zählt der **Roseberry Topping** (320 m) zu den augenfälligsten Gipfeln in den North York Moors. Der Aufstieg wird durch ein großartiges Panorama belohnt: auf den National-park, die Nordsee und – als Kontrast – auf die Industriestadt Middlesbrough.

Nostalgiker und Freunde von Dampfeisenbahnen sollten sich eine Fahrt mit der **North Yorkshire Moors Railway** von Pickering nach Grosmont im Nationalpark gönnen (Tel. 01751-472508, www.nymr.co.uk).

Info

North York Moors NP Authority
• The Old Vicarage
  Bondgate
  Helmsley YO6 5BP
  Tel. 01439-772700
  www.northyorkmoors.org.uk

Helmsley 9 [D2]

Das heitere Marktstädtchen (1500 Einw.) war im 17. Jh. ein blühendes Zentrum der Weberei. Neben der normannischen **All Saints** Kirche und dem pittoresken Marktplatz stechen hier besonders die Ruinen von **Helmsley Castle** ins Auge. Sehenswert ist auch **Duncombe Park,** ein Herrenhaus mit einer beeindruckenden Gartenanlage (April–Aug. So–Fr 10.30–17 Uhr, das Haus ist nur zu besonderen Anlässen geöffnet, www.duncombepark.com).

Hotel

Carlton Lodge €–€€
Kleines familiäres Guesthouse, fünf Gehminuten vom Zentrum.
• Bondgate
  Helmsley Y062 5EY
  Tel. 01439-770557
  http://carlton-lodge.com

Rievaulx Abbey ⭐ [D2]

Zisterzienser gründeten im 12. Jh. die einst mächtige Abtei im Tal des Rye. Obwohl größtenteils verfallen, ist die Klosterkirche noch immer ein imposantes Bauwerk. In ihrer Blütezeit lebten dort rund 650 Mönche und Brüder. Eindrucksvoll sind die Reste des doppelgeschössigen Refektoriums (April–Sept. tgl 10 bis 18, Okt. Do–Mo 10–17, Nov.–März Sa/So 10–16 Uhr).

Osmotherley [D2]

Das Dörfchen in reizvoller Hügellage im Westen der North York Moors war einst ein Umschlagplatz für Schafe und Rinder. Durch die Nähe zu den Alaun-Steinbrüchen siedelten sich im 18. und 19. Jh. Webereien an, deren Mühlen mit dem Wasser des Cod Beck gespeist wurden. Die heutige Jugendherberge am Cote Ghyll war bis 1915 so eine Textilfabrik.

Great Ayton [D2]

Das charmante Dorf (4600 Einw.) am Nordrand des Nationalparks steht im Zeichen von James Cook, der hier die Schulbank drückte. Darüber und über einiges mehr informiert das **Captain Cook Schoolroom Museum** in der High Street (April–Okt. 13–16, Juli/Aug. 11 bis 16 Uhr, Eintritt frei, www.captaincookschoolroommuseum.co.uk).

Filey 10 [E2]

Die Klippen am **Filey Brigg** eröffnen einen tollen Blick auf die tosende Nordsee. Das Seebad mit viktoria-

nischen Häuserzeilen und den gepflegten **Glen Gardens** (Eintritt frei).
besticht durch einen 9,5 km langen
Sandstrand. Das **Folk Museum** erzählt die Historie des Ortes (April
bis Okt. So–Fr 11–17, Sa 14–17 Uhr).

Hotel

All Seasons Guesthouse €
Preisgekröntes Gästehaus mit stylischen
Zimmern und einem Spitzenfrühstück.
• 11 Rutland Street | Filey YO14 9JA
   Tel. 01723-515321
   www.allseasonsfiley.co.uk

Scarborough 🔢 [E2]

Als viktorianisches See- und Thermalbad lockt Scarborough (61 000
Einw.) mit zwei langen Sandstränden, zwischen denen sich auf einer
Klippe die Ruine des **Castles** aus
dem 12. Jh. erhebt. Am Fuß der
Burg steht die **St. Mary's Church**, auf
deren Friedhof die Schriftstellerin
Anne Brontë › **S. 136** begraben liegt.

Robin Hood's Bay 🔢 ⭐ [E2]

Steile Felsen, Steinhäuser in verwin-
kelten Gassen, rund um den kleinen
Hafen Gründerzeithäuser: 1820 ge-
hörte das kleine Dorf dank des
Schmuggels von Seide, Alkohol und
Tabak aus Holland und Frankreich
zu den reichsten Fleckchen an der
Ostküste. Geheime Verbindungen
zwischen den Häusern sorgten dafür, dass die verbotenen Waren un-
gesehen durch das Dorf transpor-
tiert werden konnten.

Whitby 🔢 [E2]

Das Fischer- und Ferienstädtchen
(13 000 Einw.) war einst das Zentrum der Walfischer in Großbritannien. Rund um den Hafen schmiegen sich die Häuser an die Hügel.

   James Cook, der 1728 in dem
kleinen Dorf Marton das Licht der
Welt erblickte, absolvierte hier bei
der Reederfamilie Walker eine Lehre. Auch sein Schiff, die Endeavour,
ist in Whitby vom Stapel gelaufen.
Das **Captain Cook Memorial Museum** erinnert an den berühmten Seefahrer (Feb./März tgl. 11–15, April
bis 2. Nov. tgl. 9.45–17 Uhr, www.
cookmuseumwhitby.co.uk).

   Auf den Klippen am Südufer des
Esk steht **Whitby Abbey.** Die imposante Ruine der Benediktiner-Ab-
teikirche, einst eines der ältesten
und reichsten Klöster Nordeng-

Whitby Abbey war im 7. Jh. ein wichtiges
Kloster

lands, war das erste »Zuhause« Graf Draculas auf britischem Boden.

Restaurant

Magpie Café €€
Für Fischliebhaber ein Traum – beinahe konkurrenzlos gut. Hier muss man reservieren! Tgl. **50 Dinge** ⑱ › **S. 14.**
• 14 Pier Road | Whitby YO21 3PU
  Tel. 01947-602058
  www.magpiecafe.co.uk

Saltburn-by-the-Sea 14 [E2]

Mit dem Anschluss an das Eisenbahnnetz der Stockton & Darlington Railway im Jahre 1861 wandelte sich Saltburn vom kleinen Schmugglernest zum viktorianischen Seebad (5900 Einw.) mit einem großzügigen Pier. Seit 1884 erleichtert eine wasserbetriebene Seilbahn, der **Cliff Lift**, den beschwerlichen Auf- und Abstieg zum mehr als 50 m tiefer gelegenen Strand.

Hotel

The Rose Garden €
Kleines privates Gästehaus mit liebevoll eingerichteten Räumen.
• 31 Leven Street | Saltburn TS12 1JY
  Tel. 01287-622947

Durham 15 [D2]

In die beschauliche Universitätsstadt (146 000 Einw.) bringen die Studenten quirlige Lebendigkeit. An drei Seiten umfließt der River Wear die auf einem Hügel gelegene Altstadt.

Hoch über dem Wear strebt die stolze **Kathedrale** ⭐ in den Himmel. Sie wurde von 1093 bis 1133 in normannischem Stil erbaut. Im Innern beeindruckt die Raumwirkung, zu der die massiven Säulen beitragen. In der Kathedrale sind der lokale Schutzpatron, der hl. Cuthbert, sowie der hl. Beda, Verfasser einer frühen Kirchengeschichte und somit Englands erster Historiker, begraben. Der Kirchenschatz umfasst u. a. kostbare lithurgische Geräte (Mo–Sa 9.30–18, So 12.30–17.30 Uhr, www.durhamcathedral.co.uk). Neben der Kathedrale thront auf einem Hügel die **Burg** von Durham, die heute von der Universität genutzt wird.

Hotel

My Way Guest House €–€€
Nettes B & B mit ❗ herrlichem Garten außerhalb von Durham.
• West Farm
  Broompark
  Durham DH7 7RW
  Tel. 0191-3750874

Ausflug nach Beamish 16 [D2]

Die Stadt, 19 km nordwestlich von Durham, steht ganz im Zeichen des gleichnamigen **Freilichtmuseums**. Auf dem Gelände einer stillgelegten Zeche fühlt man sich beim Gang durch die originalgetreu nachgebaute Bergarbeitersiedlung und einer Führung durch Minenschächte in das Leben nebst den Arbeitsbedingungen im 19. und frühen

Die 126 m lange Millennium Bridge verbindet Newcastle und Gateshead

20. Jh. zurückversetzt. Alte Straßenbahnen und schnaufende Oldtimer rollen über das Kopfsteinpflaster, Museumsmitarbeiter in historischen Kostümen zeigen Handwerkskünste und Produktionstechniken aus jenen Tagen (April–Okt. tgl. 10–17, letzter Einlass 15 Uhr, Nov.–März tgl. außer Mo und Fr 10 bis 16 Uhr, www.beamish.org.uk).

Newcastle-upon-Tyne 17 [D2]

Die »neue Burg« oberhalb des Tyne gab der Stadt (289 000 Einw.) ihren Namen. Heute sind von dem einst stolzen **Castle** lediglich ein trutziger Wehrturm und das ehemalige Burgtor erhalten. Von dort führen 100 Stufen im Zickzack hinunter ans Ufer des Tyne.

1876 entstand die **Swing Bridge** nach Plänen von William G. Armstrong. Daneben überspannt die **High Level Bridge** (1849) den Fluss – die weltweit erste Brücke, auf der Schienen und eine Straße übereinander verliefen. Mit einer Länge von 389 m avancierte die **Tyne Bridge** 1928 zur größten Spannbrücke der Welt, bis ihr die Harbour Bridge in Sydney den Rang ablief.

2001 gelang ein weiterer spektakulärer Brückenschlag zwischen Newcastle und Gateshead › S. 142: Das architektonische Meisterwerk der elegant geschwungenen **Millennium Bridge** ★ für Fußgänger und Radfahrer kann in vier Minuten so geneigt werden, dass selbst große Ozeandampfer unter ihr hindurchgleiten können.

Attraktiv gibt sich **Grainger Town,** der historische Kern mit der **Grey Street,** die von herrlichen georgianischen Häusern gesäumt wird. Namenspatron war Charles Earl Grey (1764–1845), der die Earl-Grey-Teemischung aus Indien nach England brachte. Dem früheren Premierminister wurde hier mit einer 41 m hohen Säule ein weithin sichtbares Denkmal gesetzt.

Zu den ersten Adressen für Kunstfreunde zählt die **Laing Art Gallery,** die für ihre präraffaelitische

Kunst bekannt ist und u. a. Werke von Holman Hunt und Burne Jones beherbergt (Di–Sa 10–17, So 14 bis 17 Uhr, Eintritt frei, https://laingart gallery.org.uk).

In der Stoddart Street östlich des Stadtzentrums ist in einem viktorianischen Fabrikgebäude, der **Biscuit Factory,** heute Gegenwartskunst in Wechselausstellungen wie in einem Kunstkaufhaus zu bestaunen – und zu erwerben (Tel. 0191-2611103, www.thebiscuitfactory.com)

Info

Newcastle TIC
- 8–9 Central Arcade | Market Street
  Newcastle NE1 5BY
  Tel. 0191-2778000
  www.newcastlegateshead.com

Hotel

The Waterside Hotel €
Das moderne Haus bietet 24 gepflegte Zimmer nicht weit vom Burgturm.
- 48–52 Sandhill | Quayside
  Newcastle NE1 3JF
  Tel. 0191-2300111
  www.watersidehotel.com

Restaurant

Caffe Vivo €€
Gute italienische Küche direkt am Theatre Live. So/Mo Ruhetag.
- 29 Broad Chare
  Newcastle NE1 3DQ
  Tel. 0191-2321331
  www.caffevivo.co.uk

Nightlife

The Tyne Bar
Seit rund 20 Jahren gibt es hier kostenlose Gigs der Genres Blues, Folk Rock

und Rock; im Sommer mit Biergarten am Fluss.
- 1 Mailing Street | Byker
  Ouseburn Valley | Tyne and Wear
  Newcastle NE6 1LP
  Tel. 0191-2652550 | www.thetyne.com

Gateshead [D2]

Die Stadt (120 000 Einw.) verfügt über eine herrliche Uferzone am River Tyne, und eines ihrer architektonischen Highlights ist fraglos das grandiose **Sage** ⭐ (www.sage gateshead.com). Die von Stararchitekt Lord Norman Foster geschaffene Konzerthalle beeindruckt durch eine ❗ ungewöhnliche Stahl- und Glaskonstruktion.

In einer ehemaligen Kornmühle am Ufer des Tyne ist das **Baltic Centre for Contemporary Art** beheimatet. Mit wechselnden Ausstellungen gibt das Museum einen Überblick über zeitgenössische Kunst (tgl. 10–18, Di ab 10.30 Uhr, www.bal ticmill.com). Und lassen Sie sich auf keinen Fall den tollen Blick von der **Viewing Box** in der 5. Etage auf den Tyne und seine faszinierenden Brücken entgehen.

Außerhalb der Stadt spannt die beeindruckende Skulptur »Angel of the North« des Künstlers Antony Gormley seine Flügel auf. **50 Dinge** ㉖ › S. 15.

Info

NewcastleGateshead Initiative
- Baltic Place East | South Shore Road
  Gateshead NE8 3AE
  Tel. 0191-4405720
  www.newcastlegateshead.com

Alnwick 18 [D1]

Berühmt ist in dem kleinen Markt-städtchen das **Alnwick Castle** ⭐ (April–Okt. tgl. 10–17.30 Uhr, www. alnwickcastle.com). Der Wohnsitz des Duke of Northumberland war schon häufig Kulisse für Kinohits wie etwa »Robin Hood – König der Diebe« und »Elizabeth«, in jüngerer Zeit v. a. aber für einige Hogwarts-Szenen in den Harry-Potter-Filmen.

Sehenswert ist auch der **Alnwick Garden** ⭐. Am Eingang des 5 ha großen Areals fällt ein riesiges Baumhaus ins Auge: Das Konstrukt aus Turmhäuschen, Seilbrücken sowie Hochwegen misst 2000 m².

Zu den markantesten Features gehören außerdem die Grand Cas-cade sowie der Serpent Garden (April–Aug. Mo–Sa 10–19, So bis 17, Feb./März, Sept.–Nov. So–Fr 10 bis 16, Sa 10–19 Uhr, www.alnwickgar den.com).

Bamburgh 19 [D1]

Das kleine Dorf an der Nordostküs-te wird dominiert vom mächtigen **Bamburgh Castle** ⭐. Die Burg, seit 547 die Residenz der Könige von Northumbria, ragt hoch aus den ❗ Dünen des schönen Sandstrands heraus. Der Großteil der Festung stammt aus normannischer Zeit. Ein **Museum** erzählt die Geschichte der Burg und ihres Besitzers Lord Armstrong, der sie im 19. Jh. er-warb (11. Feb.–29. Okt. tgl. 10 bis 17, 31. Okt.–11. Feb. Sa/So 11 bis 16.30 Uhr, £ 10,75, Familien £ 25, www.bamburghcastle.com).

Holy Island 20 [D1]

Das kleine *Holy Island of Lindis-farne*, wie es vollständig heißt, mit ❗ einsamer Dünenlandschaft ist nur bei Ebbe über einen Damm zu erreichen. Im Jahr 634 gründete der hl. Aidan eine Abtei auf der In-sel und begann mit der Christiani-sierung der Region. 793 zerstörten

> ❗ **Erst-klassig**
>
> ## Englische Prachtbauten
>
> Zu den beeindruckendsten Pracht-bauten ganz Englands zählen:
>
> - Die 1870 nach Plänen von Charles Barry fertiggestellten, neogotischen **Houses of Parlia-ment** in **London**. › S. 50
> - Der 2005 eingeweihte und 170 m hohe **Spinnaker Tower** in **Portsmouth,** der mit Europas größtem Glasboden ausgestattet ist. › S. 72
> - Die futuristischen Bauten des **Eden Project** in **Cornwall,** die wohl als das größte Gewächs-haus der Welt bezeichnet werden können. › S. 86
> - Die **Kathedrale** von **Ely,** deren Fertigstellung 250 Jahre in An-spruch nahm. › S. 100
> - Der Rundbau **Radcliffe Camera** in **Oxford,** der unter seiner Kup-pel die großartige Bodlein Library beheimatet. › S. 108
> - Das Konzerthaus **The Sage** in **Gateshead** mit seiner unge-wöhnlichen Stahlkonstruktion und brillanten Akustik. › S. 142

die Wikinger das Kloster; dies wird als Beginn der Wikingerzeit nicht nur in Großbritannien angesehen. Die alte **Burg** diente einst dem Schutz vor schottischen Überfällen. (Öffnung abhängig von den Gezeiten, i. d. R. April–Okt. 10–15 Uhr, teilweise 12–17 Uhr, Gezeitentabelle: www.lindisfarne.org.uk).

Vom nahen Fischernest **Seahouses** aus fahren im Sommer Boote zu den **Farne Islands**. Der Archipel bietet Robben und Seevögeln ein Refugium (www.farne-islands.com).

Berwick-upon-Tweed 21 [D1]

Seit ihrer Gründung anno 870 wechselte die Stadt (13 500 Einw.) dreizehnmal zwischen dem schottischen und englischen Herrschaftsbereich hin und her; seit 1482 gehört sie zu England. Ein Jahrhundert später wurde die elisabethanische **Stadtmauer** ⭐ zum Schutz vor Überfällen aus Schottland errichtet. Der Wall hielt sogar Kanonenkugeln stand!

Drei Brücken führen über den Grenzfluss: Da ist die **Berwick Bridge** aus Sandstein (1634), dann die **Royal Border Bridge** (1850) von Robert Stephenson, die auf 28 Bogen über das Wasser »stelzt«, und schließlich die **Royal Tweed Bridge.** Sehenswert sind die **Town Hall** aus dem 18. Jh. und die ältesten **Kasernen** des Landes, die von 1721 bis 1965 Militärs beherbergten; heute befindet sich in der weitläufigen Anlage eine Vielzahl von Museen.

Hotel und Restaurant
No. 1 Sallyport €€
Eines der besten Häuser Großbritanniens, charaktervolle Zimmer, moderne britische Küche. Tgl.
• 1 Sallyport
  Off Bridge Street
  Berwick-upon-Tweed TD15 1EZ
  Tel. 01289-298002

Hadrian's Wall ⭐

Der Hadrian's Wall ist das bedeutendste Zeugnis römischer Geschichte in Großbritannien. Im Jahre 122 begannen auf Befehl Kaiser Hadrians die Arbeiten zum Bau des Grenzwalls, der das Römische Reich gen Norden vor Überfällen schützen sollte. Nach sechs Jahren war die ca. 5 m hohe, 3 m breite und 117 km lange Mauer fertig. Im Abstand von rund 1,5 km wurden kleine Forts *(Milecastles)* errichtet, dazwischen gab es zwei Wachtürme *(Turrets)* sowie 14 Unterstützungslager. Um das Jahr 400 hatte der Grenzwall ausgedient. Auf dem **Hadrian's Wall Path** › S. 130 kann man heute das UNESCO-Weltkulturerbe abwandern (www.visithadrianswall.co.uk).

Die römischen Forts am Hadrian's Wall
Das industriell geprägte **Wallsend** ist Startpunkt des Hadrian's Wall Path. Hier liegt das Fort **Segedunum,** heute ein Museum mit einem 35 m hohen Panoramaturm.

Bei **Chollerford** 22 [D2], am Ufer des Tyne, liegt das römische Kavallerie-Fort **Chester's.** Hier beein-

Teil des 117 km langen römischen Grenzwalls: Hadrian's Wall in Northumberland

druckt vor allem das Badehaus sowie das Clayton Museum mit römischen Skulpturen.

Hoch auf einem Felsgrat gelegen, gilt **Housesteads Roman Fort** als das besterhaltene der römischen Forts. Die exponierte Lage garantierte eine gute Verteidigungsposition, der heutige Besucher genießt fabelhafte Aussichten über weites Moor.

Die Ausgrabungsstätte des **Vindolanda Roman Fort** liegt südlich des Hadrian's Wall. Die archäologischen Arbeiten dauern noch an – eine gute Gelegenheit für einen Einblick in das wissenschaftliche Vorgehen.

Bei Gilsland erhebt sich über dem Irthing Valley das **Birdoswald Roman Fort**. Das Museum verschafft Einblicke in das Leben im Fort. 1996 wurde zudem ein neolithisches Grab entdeckt.

Carlisle 23 [C2]

Bis Ende des 4. Jh. befand sich an der Stelle der heutigen Stadt (75 000 Einw.) das römische Lager Luguvallium. Zu ihren markantes-ten Bauwerken zählt seit gut 900 Jahren das mächtige **Carlisle Castle**, in dessen Turm einst die schottische Königin Maria Stuart (1542–1587) inhaftiert war.

Das preisgekrönte **Tullie House Museum** erzählt die Geschichte des Hadrian's Wall (April–Okt. Mo–Sa 10–17, So 11–17, Nov.–März Mo bis Sa 10–16, So 12–16 Uhr, www.tul liehouse.co.uk).

In der **Carlisle Cathedral** sind faszinierende mittelalterliche Gemälde, Fenster und Skulpturen zu sehen. Zu den Schätzen der Domkirche zählt der Brougham Triptychon von 1510 (Mo–Sa 7.30 bis 18.15, So bis 17 Uhr, Eintritt frei, www.carlislecathedral.org.uk).

Hotel

Howard Lodge €
Helles B & B in einem viktorianischen Stadthaus, das (Rad-)Wanderer willkommen heißt.
- 290 Warwick Road
  Carlisle CA1 1JU
  Tel. 01228-529842
  www.howard-lodge.co.uk

Lake District ⭐ [C2]

Die Attraktion für Naturfreunde im Norden Englands ist der herrliche Lake District, der im Sommer unzählige Kletterer, Wanderer und Wassersportler anzieht. Mit einer Fläche von 2279 km² ist er Großbritanniens größter Nationalpark. Seinen Namen erhielt er dank seiner 16 großen Seen. Hier ragen auch Englands höchste Gipfel auf: Neben dem **Scafell Pike** (978 m) erreichen vier weitere mehr als 900 m. Von vielen der 71 Gipfel hat man herrliche Ausblicke auf schimmernde Seen, Wasserfälle und Dörfer mit Cottages aus grauen Bruchsteinen.

Info

Zwischen Windermere und Ambleside informiert das **Brockhole NP Visitor Centre**, auch in Ausstellungen zur regionalen Geografie, Flora und Fauna (tgl. 10–16 Uhr, www.lakedistrict.gov.uk, www.brockhole.co.uk).

Cockermouth 24 [C2]

Das am Zusammenfluss von Cocker und Derwent gelegene Marktstädtchen (8700 Einw.) ist bekannt als Heimat des Dichters und Romantikers William Wordsworth (1770 bis 1850). Das **Wordsworth House** in der Main Street erzählt von ihm (Mitte März–Okt. Sa–Do 11– 17 Uhr).

Keswick 25 [C2]

Das Städtchen (5000 Einw.) am wunderschönen Derwent Water eignet sich gut als Standort für Erkundungen der nördlichen Seen. Bis zum 15. Jh. fungierte Keswick als Umschlagplatz für Wolle und Leder, nach der Entdeckung von Graphit brachte die Bleistiftindustrie hier Wohlstand.

Das **Cumberland Pencil Museum** dokumentiert die Geschichte dieser lokalen Kleinindustrie (Mo–Fr 9 bis 16.30, Sa 10–16 Uhr, www.pencil museum.co.uk).

Hotel

Cumbria House €
Freundliches B & B, tolles Frühstück, ❗ geführte Wanderungen.
• 1 Derwentwater Place
Ambleside Rd | Keswick CA12 4DR
Tel. 017687-73171
www.cumbriahouse.co.uk

Windermere 26 [C2]

Die beiden zusammengewachsenen Orte (8400 Einw.) Windermere und Bowness-on-Windermere säumen den gleichnamigen, 17 km langen See. Fähren verkehren regelmäßig nach Sawrey und nach Ambleside, ebenfalls ein guter Startpunkt für Touren. Ausflugsdampfer fahren auf einer **»scenic island cruise«** über den See (Tel. 015394-43360, www. windermere-lakecruises.co.uk).

Hotel

Lonsdale Hotel €€
Vielgelobtes Haus nahe am See.
• Lake Road | Windermere LA23 2JJ
Tel. 015394-43348
www.lonsdale-hotel.co.uk

Restaurants

Holbeck Ghyll €€€
Mit Michelin-Stern für die britisch-französische Küche ausgezeichnet.

Ullswater ist mit rund 12 km Länge und 1200 m Breite der zweitgrößte See im Lake District

• Holbeck Lane | Windermere LA23 1LU
Tel. 01539-432375
www.holbeckghyll.com

Gilpin Hotel & Lake House €€
Gute englische Landhausküche.
• Crook Road | Windermere LA23 3NE
Tel. 015394-88818
http://thegilpin.co.uk

Kendal 27 [C2]

Als südliches Tor zum Lake District lädt der touristische Marktort (28 000 Einw.) am River Kent zu Tagestouren ein. Lokale Spezialität ist der Kendal Mint Cake – eine Minzbonbonmasse. An vergangene Tage erinnern die Reste von **Kendal Castle** (12. Jh.) und **Castle Howe** (11. Jh.) sowie gut 150 malerische Gässchen und Hinterhöfe. Das **Kendal Museum** (Di–Sa 10–16 Uhr, www.kendalmuseum.org.uk) widmet sich der Geologie und Natur, das **Museum of Lakeland Life** in der Abbot Hall dem bäuerlichen Leben der vergangenen 300 Jahre (Mo–Sa 10.30–16 Uhr, www.lakelandmuseum.org.uk).

Info
TIC Made in Cumbria
• 25 Stramongate | Kendal LA9 4BH
Tel. 01539-735891
www.southlakeland.gov.uk

Hotels
Stonecross Manor €€
Stilvolles altes Herrenhaus mit Wellnessbereich und Swimmingpool.
• Milnthorpe Road | Kendal LA9 5HP
Tel. 01539-733559
www.stonecrossmanor.co.uk

Crooklands Hotel €–€€
Kleines Hotel, ca. 4 km außerhalb.
• Crooklands | Kendal LA7 7NW
Tel. 015395-67432
www.crooklands.com

Restaurant
New Moon Restaurant €€
Klassische englische Küche mit Pfiff.
Besser reservieren. So/Mo Ruhetag.

Die Ravenglass-Schmalspurbahn

• 129 Highgate | Tel. 01539-729254
www.newmoonrestaurant.co.uk

Whitehaven 28 [C2]

Die Hafenstadt (24 000 Einw.) am
Solway Firth gilt als Musterbeispiel
einer Reißbrettstadt, geprägt von
rund 250 georgianischen Häusern.
Als Initiator der Planungen gilt Sir
John Lowther. Das **Beacon Centre**
am Hafen erzählt die Geschichte der
Stadt und des Lowther-Clans (Di
bis So 10–16.30 Uhr, www.thebea
con-whitehaven.co.uk). **Rum Story**
lässt den Rumhandel wieder auf-
leben, als dessen Zentrum Whitehaven lange galt (tgl. 10–16.30 Uhr,
www.rumstory.co.uk).

Getrübt wird das Landschafts-
bild hier durch die südlich der Stadt
liegende atomare Wiederaufberei-
tungsanlage **Sellafield.**

Hotel und Restaurant
Georgian House Hotel €€
Zentral gelegenes, mehrfach ausge-
zeichnetes Hotel, gutes Restaurant.

• 8–11 Church Street | Whitehaven
CA28 7AY | Tel. 01946-696611
www.georgianhousewhitehaven.co.uk

Ravenglass 29 [C2]

Im 2. Jh. diente die Küstenstadt den
Römern als wichtiger Hafen für den
militärischen Nachschub. Außerdem wurden hier Eisenerz, Granit
und Kupfer verschifft. Mit der **Ravenglass and Eskdale Railway,** einer
Schmalspurbahn, wurden die Roh-
stoffe aus den umliegenden Minen
herbeigekarrt. Heute verkehren hier
Nostalgiezüge (www.ravenglass-rail-
way.co.uk). Vor den Toren der Stadt
liegt **Muncaster Castle,** das für seine botanischen Gärten und das
Eulenzentrum ein Begriff ist.

Furness Abbey 30 [C2]

In der Nähe von **Barrow-in-Furness**
schmiegen sich die Ruinen des 1127
errichteten Zisterzienserklosters in
das Valley of the Nightshade. Die
Abtei, einst mächtig und reich, wurde 1537 von der englischen Krone
eingezogen. Von dem Kirchenschiff
sind heute v. a. Vierung und Quer-
schiffe fast vollständig erhalten (April–Sept. 10–18, Okt./Nov. 10–17,
Nov.–März Sa/So 10–16 Uhr).

Hotel
Abbey House Hotel €€
Komfortables Hotel direkt an der Abtei.

• Abbey Road | Barrow-in-Furness
LA13 0PA | Tel. 01229-838282
www.abbeyhousehotel.com

Stadtansicht von Bath

EXTRA-TOUREN

Englands Höhepunkte in drei Wochen

Route: London › **Cambridge** › **Nottingham** › **Lincoln** › **York** › **Whitby** ›
Barnard Castle › **Durham** › **Beamish** › **Newcastle-upon-Tyne** › **Chollerford** ›
Carlisle › **Kendal** › **Liverpool** › **Chester** › **Stoke-on-Trent** › **Birmingham** ›
Gloucester › **Bristol** › **Bath** › **London**

Karte: Klappe hinten

Distanzen: London › 98 km › **Cambridge** › 145 km › **Nottingham** › 65 km ›
Lincoln › 124 km › **York** › 77 km › **Whitby** › 118 km › **Barnard Castle** › 69 km ›
Durham › 19 km › **Beamish** › 23 km › **Newcastle-upon-Tyne** › 43 km › **Chollerford** › 65 km › **Carlisle** › 84 km › **Kendal** › 134 km › **Liverpool** › 44 km › **Chester** › 61 km › **Stoke-on-Trent** › 72 km › **Birmingham** › 86 km › **Gloucester** ›
56 km › **Bristol** › 21 km › **Bath** › 185 km › **London**

Verkehrsmittel: Die Tour ist als Autoroute geplant. Aber auch die Busse des
National Express steuern weite Teile der Route an (www.nationalexpress.com).

Die Millionenmetropole an der Themse, **London** › S. 46, ist Startpunkt für
die große Rundtour bis hoch in den Norden. London allein ist aber schon
einen längeren Aufenthalt wert. Dem grandiosen Auftakt folgt die altehrwürdige Universitätsstadt **Cambridge** › S. 98. Herrliche College-Gebäude,
Studentenfeeling, Punten auf dem River Cam – ein Tag ist hierfür angemes-
sen. In **Nottingham** › S. 125 dreht sich dann fast alles um Robin Hood, und
in **Lincoln** › S. 107 wartet eine prächtige Kathedrale auf die Besichtigung. Zur
Übernachtung bietet sich die »Geisterstadt« **York** › S. 132 an. Mit ihren mittelalterlichen Gassen zählt sie zu den malerischsten Städten ganz Englands.

Dann geht's hinüber zur Küste. Im charmanten Hafenstädtchen **Whitby**
› S. 139 erfährt man einiges über den großen Seefahrer James Cook, bevor
das beschauliche **Barnard Castle** › S. 137 weiterlockt. Nachtquartier ist **Durham** › S. 140: quirlige Universitätsstadt mit normannischer Kathedrale und
einer Burg hoch über den Ufern des Flusses Wear. Die industrielle Vergangenheit dieser Region erschließt sich im Freilichtmuseum **Beamish** › S. 140,
während in **Newcastle-upon-Tyne** › S. 141 Modernes besticht: Die Stadt hat
sich nach ihrer Industrievergangenheit erst jüngst ganz neu erfunden. Nach
zwei Nächten in Englands Partyhauptstadt Nummer 1 geht es parallel zum
Hadrian's Wall › S. 144 weiter zum römischen Fort Chester's › S. 144 und nach
Carlisle › S. 145, wo im Tullie House Museum die Römer noch einmal zum
Thema werden. Am nächsten Tag lädt **Kendal** › S. 147 als südliches Tor zum
Lake District › S. 146 zu Tagestouren durch eine malerische Landschaft ein.
Urban und von seiner besten Seite zeigt sich **Liverpool** › S. 120. Neben den

»Beatles« und dem »FC Liverpool« sind hier auch zahlreiche Kunstschätze zu sehen. Der folgende Vormittag steht im Zeichen der Römerstadt **Chester** › S. 119 mit ihren viktorianischen Fachwerkhäusern und einer alles überragenden Kathedrale. **Stoke-on-Trent** › S. 125, das sich ganz der Porzellanherstellung gewidmet hat, mag dann den Nachmittag füllen. Haben Sie hier den Geldbeutel noch nicht gezückt, dann sitzt er womöglich im Nachtquartier **Birmingham** › S. 115 doppelt locker: Die Millionenstadt bietet Shoppingmalls und im Jewellery Quarter die größte Dichte an Juwelieren in Europa!

Punten auf dem River Cam in Cambridge

Mit mittelalterlichem Charme und einer beeindruckenden Kathedrale empfängt **Gloucester** › S. 116 seine Besucher. Von dort geht's weiter zur Universitätsstadt **Bristol** › S. 91, die vom River Avon und dem Hafen geprägt wird. In der alten Römerstadt **Bath** › S. 93. lässt sich in herrlichem, UNESCO-gekürtem Ambiente ein Thermalbad doppelt genießen! Ein Tag ist dafür sicher einzuplanen. Zurück in London schließt sich der Kreis.

Vom charmanten Süden zu glitzernden Industriemetropolen

Route: Dover › Canterbury › Sissinghurst › Brighton › Portsmouth › Winchester › Salisbury › Stonehenge › Bath › Gloucester › Worcester › Birmingham › Stratford-upon-Avon › Oxford › Windsor › London › Rochester › Leeds Castle › Dover

Karte: Klappe hinten

Distanzen: Dover › 28 km › **Canterbury** › 50 km › **Sissinghurst** › 120 km › **Brighton** › 90 km › **Portsmouth** › 48 km › **Winchester** › 49 km › **Salisbury** › 15 km › **Stonehenge** › 58 km › **Bath** › 87 km › **Gloucester** 48 km › **Worcester** › 56 km › **Birmingham** › 65 km › **Stratford-upon-Avon** › 87 km › **Oxford** › 69 km › **Windsor** › 41 km › **London** › 51 km › **Rochester** › 81 km › **Dover**

Verkehrsmittel: Das Auto ist die praktischste Variante. Auch Überlandbusse fahren hier (www.nationalexpress.com), brauchen aber mehr Zeit.

In voller Blüte: Sissinghurst Gardens

Ankunft auf der Insel: Beeindruckend ist der Blick auf die weißen Kreidefelsen von **Dover** › S. 65, wenn man den Ärmelkanal – ganz klassisch – mit dem Schiff überquert. Schneller ist natürlich die Fahrt durch den Tunnel, der direkt nach Folkstone führt. Von dort gelangen Sie binnen Kurzem zur ersten Station dieser Rundtour, **Canterbury** › S. 66. Die Kathedrale, gut erhaltene Tudor-Fachwerkhäuser sowie Reste des normannischen Castles und der mittelalterlichen Stadtmauer sorgen für das spezifische Flair dieser Stadt. Ein paradiesischer Garten – **Sissinghurst** › S. 68 – ergänzt die Eindrücke des ersten Tages, der in »Londons Badewanne«, dem Seebad **Brighton** › S. 70, endet. Brighton und die Stadt **Portsmouth** › S. 72 können Sie in anderthalb Tagen gut erkunden. Haben Sie anschließend Lust auf ein wenig Inselleben, bietet sich die **Isle of Wight** › S. 73 an – von Portsmouth aus setzen Autofähren über: Herrlich ist die Sicht auf die Küste von dort, schöne Sandstände und romantische Plätze bietet die Insel selbst. Ein Tag Aufenthalt ist hier zu empfehlen, es sei denn, Sie wollen noch ein bisschen länger See- und Inselluft schnuppern … Ansonsten verlassen Sie nun die Küste zum Besuch der Kathedralen von **Winchester** › S. 73 und **Salisbury** › S. 74, in reinem *Early English Style* erbaut. Tief in die Vergangenheit führt danach der Weg ins nahe **Old Sarum** › S. 61 sowie nach **Stonehenge und Avebury** › S. 75. All dies ist an einem Tag zu bewältigen, bevor Sie am Abend in der UNESCO-geadelten Stadt **Bath** › S. 93 Ihr Nachtquartier aufsuchen. Einen Tag sollten Sie für diese Stadt, die zu den schönsten Englands zählt, mindestens einplanen. Mittelalterlicher Charme erwartet Sie danach in **Gloucester** › S. 116, weltbekannte Porzellanherstellung in **Worcester** › S. 116 und in der Großstadt **Birmingham** › S. 115 spannende Museen sowie exquisite Einkaufsmöglichkeiten. Anderthalb bis zwei Tage sind dafür zu empfehlen. Auch die Shakespeare-Stadt **Stratford-upon-Avon** › S. 112 hat einen ganzen Tag verdient. Danach wandeln Sie in **Blenheim Palace** › S. 111 auf den Spuren Winston Churchills, der dort geboren wurde. Die Besichtigung dieses Anwesens und der nahen Universitätsstadt **Oxford** › S. 108 mit ihren beeindruckenden Collegebauten nimmt ebenfalls einen bis anderthalb Tage in Anspruch. Und **London** › S. 46? Irgendetwas zwischen einem Tag und … so lange die Zeit eben reicht, bevor Sie Ihren letzten Tag in **Rochester** › S. 67, **Chatham** › S. 67 und **Leeds Castle** › S. 68 verbringen. In Dover schließlich bildet ein Spaziergang auf den berühmten Kreidefelsen einen gelungenen Abschluss dieser Tour.

Infos von A–Z

Ärztliche Versorgung

Die kostenlose ärztliche Versorgung durch den National Health Service ist auch für Touristen gewährleistet, doch ist der Abschluss einer Auslandskrankenversicherung sehr zu empfehlen.

Barrierefreies Reisen

Informationen gibt es bei:

• **Tourism for All UK,** 7A Pixel Mill, 44 Appleby Road, Kendal, Cumbria LA9 6ES, Tel. 0845-1249971, www.tourismforall.org.uk

Diplomatische Vertretungen

• **Deutschland:** 23 Belgrave Square, London SW1X 8PZ, Tel. 020-78241300, Fax 020-78241449, www.london.diplo.de
• **Österreich:** 18 Belgrave Mews West, London SW1X 8HU, Tel. 020-73443250, Fax 020-73440292, www.bmeia.gv.at/botschaft/london.html
• **Schweiz:** 16–18 Montagu Place, London W1H 2BQ, Tel. 020-76166000, Fax 020-77247001, http://switzerland.embassyhomepage.com

Einreise

Es genügt der Personalausweis bzw. bei Schweizern die Identitätskarte oder ein Reisepass, der noch bis zum Ende der Reise gültig sein muss. Kinder benötigen ein eigenes Reisedokument.

Elektrizität

Die Netzspannung beträgt 240 Volt Wechselstrom. Für Steckdosen sind dreipolige Zwischenstecker nötig.

Feiertage

Feste Feiertage sind der Neujahrstag (New Year's Day) am 1. Januar sowie der 1. Weihnachtstag (Christmas) am 25. Dezember und 2. Weihnachtstag (Boxing Day) am 26. Dezember. Weitere Feiertage sind Karfreitag (Good Friday), Ostermontag (Easter), der Maifeiertag (Labour Day) am ersten Montag im Mai, der Spring Bank Holiday am letzten Montag im Mai und der Summer Bank Holiday am letzten Montag im August.

Geld

Das Pfund Sterling (£) ist in 100 Pence (p) unterteilt. Münzen: 1, 2, 5, 10, 20, 50 p und £ 1, 2; Scheine: £ 5, 10, 20 und 50. 1 £ = 1,17 €, 1 € = 0,85 £; 1 £ = 1,25 CHF, 1 CHF = 0,79 £ (Stand: Feb. 2017).

Kreditkarten sind sehr gebräuchlich, EC-Karten funktionieren auch am Geldautomaten. Bargeld tauschen u. a. Postämter und Reisebüros.

Haustiere

Hunde, Katzen und Frettchen können im Rahmen der EU-Gesetzgebung ohne Quarantäne eingeführt werden, wenn sie mit einem Mikrochip versehen sind, gegen Tollwut und Würmer geimpft (21 Tage Wartezeit), einer Blutuntersuchung unterzogen wurden (30 Tage nach der Impfung) sowie einen EU-Heimtierausweis besitzen. Details bei:

Urlaubskasse	
Tasse Kaffee	2,60 €
Softdrink	1,85 €
Glas Bier	4 €
Fish & Chips	6 €
Kugel Eis	2,50 €
Taxifahrt (Kurzstrecke, ca. 10 km)	15 €
Mietwagen/Tag	38 €

- **DEFRA** (Britisches Ministerium für Umwelt, Ernährung und Landwirtschaft), Tel. 0870-241170, https://www.gov.uk/take-pet-abroad

Informationen

- www.visitengland.com
  Offizielles Portal des English Tourist Board (auch auf Deutsch).
- www.visitbritain.com
  Infos und Links des Fremdenverkehrsamtes zu ganz Großbritannien.
- www.visitbritainshop.com
  Hier können Eintrittskarten, Rundreisepässe, Tickets für Flughafentransfers, Pässe für Sehenswürdigkeiten und vieles mehr, was man vor Ort teilweise nicht erwerben kann, bestellt werden.

Internet

Internetcafés gibt es in fast jeder Stadt, Zugänge auch an Bahnhöfen, Flughäfen, Hotels, in größeren Städten an diversen Hotspots per WLAN (engl. WiFi).

Maße & Gewichte

Offiziell hat Großbritannien das metrische System eingeführt, aber im Alltag sind die alten Einheiten noch sehr gebräuchlich:

- 1 mile (mi.) = 1,609 Kilometer
- 1 pint (pt.) = 0,568 Liter
- 1 gallon (gal.) = 4,5459 Liter
- 1 ounce (oz.) = 28,35 Gramm
- 1 pound (lb.) = 453,6 Gramm

Mehrwertsteuer

In vielen Restaurants ist die Mehrwertsteuer (VAT) von 20 % auf der Speisekarte nicht enthalten und wird auf die Rechnung aufgeschlagen.

Notruf

Die nationale kostenlose (auch in Telefonzellen) Notrufnummer für Polizei, Feuerwehr und Notarzt lautet 999.

Öffnungszeiten

- **Banken:** Mo–Fr 9.30–16.30 Uhr
- **Geschäfte:** Mo–Sa 9–17.30, Mi–Fr oft auch bis 20 Uhr, z.T. auch So
- **Postämter:** Mo–Fr 9–17.30, Hauptpostämter auch Sa 9–12.30 Uhr

Pubs

Sperrstunde war einmal. Das Gros der Kneipen schließt dennoch zwischen 23 und 24 Uhr. 14–17-Jährigen ist der Zutritt nur in Begleitung Erwachsener erlaubt; Alkohol gibt's erst ab 18 Jahren.

Rauchen

In England gilt seit 2007 – wie inzwischen in ganz Großbritannien – ein strenges Rauchverbot in Pubs, Restaurants und allen sonstigen öffentlichen Räumen und Verkehrsmitteln.

Telefon & Handy

Münztelefone nehmen vom 10-Pence-Stück aufwärts alle Münzen. Phonecards (Telefonkarten) gibt es beim Postamt und in vielen Geschäften. Viele Fernsprecher nehmen Kreditkarten. Handys funktionieren überall (GSM 900/1800 und 3G-Standard). Vorwahlen: Deutschland: 0049, Österreich: 0043, Schweiz: 0041, GB: 0044. Nat. Auskunft: 192, Internat. Auskunft: 153.

Trinkgeld

In vielen Restaurants wird eine Servicegebühr erhoben. Ist das nicht der Fall, gibt man 10–15 % der Rechnungssumme. Barkeeper im Pub bekommen kein Trinkgeld, Taxifahrer 10–15 %.

Zoll

Waren zum persönlichen Gebrauch dürfen EU-Bürger bzw. Schweizer zollfrei mitführen. Als Richtmengen gelten: 800 Zigaretten, 400 Zigarillos, 200 Zigarren, 1 kg Tabak, 10 l Spirituosen, 20 l weinhaltige Getränke, 90 l Wein, 110 l Bier.

Register

Bildnachweis

Coverfoto North York Moors, Yorkshire, England © laif/Loop Images/Richard Burdon
Fotos Umschlagrückseite © Huber Images/A. Saffo (links); Silwen Randebrock (Mitte);
Karsten-Thilo Raab (rechts)

Alamy/DavidDent 148; Alamy/John Kellerman: 27; Alamy/Graham Prentice: 44/45; Alamy/Michael Willis: 137; APA Publications/Bill Wassman: 38, 103, 107, 113; British Tourist Authority: 49, 59, 71, 110, 121; David Lyons/ Event Horizons: 84; fotolia/Ch. Dodge: 68; fotolia/J. Bahrz: 51; fotolia/M. Garnham: 42; Huber Images/Colin Dutton: 101; Huber Images/Olimpio Fantuz: 145; Huber Images/ Pietro Canali: 32; Huber Images/A. Saffo: 6/7; iStockphoto/crossbrain66: 20/21; iStockphoto/izusek: 108; iStockphoto/wamp: 125; iStockphoto/whitemay: 105; laif/Fulvio Zanettini: 41; laif/Heeb: 46; laif/Hemispheres: 122; laif/Horst Dieter Zinn: 141; laif/Le Figaro Magazine: 28; laif/Miquel Gonzales: 89; LOOK-foto/age fotostock: 73 LOOK-foto/age fotostock: 132; LOOK-foto/H. & D. Zielske: 91, 99; LOOK-foto/Ingolf Pompe: 8 u.; mauritius images/Alamy: 13; PhotoPress/Master: 87; K. T. Raab: 8 o., 9 o., 9 u., 10; S. Randebrock: 16, 17, 54, 60, 81, 95, 152; Shutterstock/Roman Babakin: 74; Shutterstock/Gordon Bell: 76; Shutterstock/Ron Ellis: 14; Shutterstock/Darren Grove: 93; Shutterstock/Viktor Kovalenko: 65; Shutterstock/M.V. Photograph: 114; Shutterstock/Platslee: 67; Shutterstock/Premier Photo: 151; Shutterstock/ Fabio Reis: 79; stock.adobe.com/R. Babakin: 139; stock.adobe.com/beppenob: 77; stock.adobe.com/bnoragitt: 147; stock.adobe.com/gb27photo: 126; stock.adobe.com/Helen Hotson: 23; stock.adobe.com/irisphoto1: 149; stock.adobe.com/PHB.cz: 119.

Liebe Leserin, lieber Leser,
wir freuen uns, dass Sie sich für diesen POLYGLOTT on tour entschieden haben.
Unsere Autorinnen und Autoren sind für Sie unterwegs und recherchieren sehr gründlich,
damit Sie mit aktuellen und zuverlässigen Informationen auf Reisen gehen können.
Dennoch lassen sich Fehler nie ganz ausschließen. Wir bitten Sie um Verständnis, dass der
Verlag dafür keine Haftung übernehmen kann.

Ihre Meinung ist uns wichtig. Bitte schreiben Sie uns:
GRÄFE UND UNZER VERLAG GmbH, Redaktion POLYGLOTT, Grillparzerstraße 12,
81675 München, redaktion@polyglott.de, Tel. 089/41 98 19 41
www.polyglott.de

1. aktualisierte Auflage 2017

© 2017 GRÄFE UND UNZER VERLAG
GmbH, München
Dieses Buch wurde auf chlorfrei
gebleichtem Papier gedruckt.
ISBN 978-3-8464-2037-9

**Bei Interesse an maßgeschneiderten
POLYGLOTT-Produkten:**
Verónica Reisenegger
veronica.reisenegger@graefe-und-unzer.de

Bei Interesse an Anzeigen:
KV Kommunalverlag GmbH & Co KG
Tel. 089/928 09 60
info@kommunal-verlag.de

Redaktionsleitung: Grit Müller
Verlagsredaktion: Anne-Katrin Scheiter
Autor: Karsten-Thilo Raab, Hans-Günter
Semsek, Dorothea Kern
Redaktion: Karen Dengler, Werkstatt
München
Bildredaktion: Silwen Randebrock und
Nafsika Mylona
Mini-Dolmetscher: Langenscheidt
Layoutkonzept/Titeldesign:
fpm factor product münchen
Karten und Pläne: Sybille Rachfall und
Kunth Verlag GmbH & Co. KG
Satz: Tim Schulz, Mainz, und
uteweber-grafikdesign
Herstellung: Anna Bäumner
Druck und Bindung:
Printer Trento, Italien

PEFC/18-31-506

GRÄFE
UND
UNZER

Ein Unternehmen der
GANSKE VERLAGSGRUPPE

Checkliste England

Nur da gewesen oder schon entdeckt?

☐ **100 Stempel sammeln**
Die Entdeckungsreise durch die wunderbare Moorlandschaft des Dartmoor lässt sich mit der Aufnahme in einen begehrten englischen Klub krönen. › S. 12

☐ **Ein Engel umarmt**
Der übergroße Angel of the North mit einer Flügelspannweite von 54 m scheint die vorbeifahrenden Autofahrer der A1 zu umarmen. › S. 15

☐ **Gartenträume mit in den Schlaf nehmen**
Wenn englische Liebe zu Gärten auf Übernachtungszauber trifft, wird im My Way Guest House auch noch stilvoll im Gewächshaus gefrühstückt. › S. 31

☐ **Wie Öl zur Kunst wird**
Mit dem Kunstwerk 20:50 von Richard Wilson, einem der führenden britischen Bildhauer, werden Genres wie Skulptur und Plastik neu interpretiert. › S. 14

☐ **Kulinarischer Humor**
Die Idee, Mars-Riegel zu frittieren, zeugt vom viel gerühmten englischen Humor, den man genießen sollte. › S. 13

☐ **Paradies von Menschenhand**
Das größte Gewächshaus der Welt mit seinen spektakulären geodätischen Kuppeln ist ein Garten Eden für Pflanzen aus drei Klimazonen. › S. 86

☐ **Königlicher Strand**
Wer die Cogis der Queen sehen möchte, muss zum Strand nach Holkham. › S. 104

Mitbringsel für Daheim

Achtes Weltwunder: Die pyramidenförmigen Teebeutel von PG tips › S. 16

Erstklassige Schokolade: In Birmingham von der Cadbury World › S. 115